50	Sommerblumen für Töpfe und Hängeampeln	106	Meine Lieblingspflanzen im Garten
52	Meine liebsten Beete und Rabatten	108	*Spätherbst*
54	*Hochsommer*	110	Kräuter trocknen
56	Blumen und Gemüse für die Freilandaussaat	112	Winterschutz
58	Freund und Feind	114	Meine Gartenelemente
60	Der Garten im Urlaub	116	Meine Obsternte
62	Tomaten anbauen	118	Wie ich Tiere in meinen Garten locke
64	Meine besten Duftpflanzen im Garten	120	Beste Ernte

122 Winter

- 124 *Frühwinter*
- 126 Pflanzen und schützen
- 128 Gefäße kreativ nutzen
- 130 Winterputz
- 132 Zierpflanzen für den Winter
- 134 Das Jahr in meinem Garten
- 136 *Hochwinter*
- 138 Pflege von Wintergemüse
- 140 Wildtiere füttern
- 142 Unterschlupf für den Winter
- 144 Wintersalate
- 146 Mein größter Triumph im letzten Gartenjahr
- 148 *Spätwinter*
- 150 Erfolge in meinem Garten
- 152 Gemüsebeete planen
- 154 Sträucher für den Winter
- 156 Schnitt im Spätwinter
- 158 Veränderungen in der Gartengestaltung

- 66 Meine schönsten Farbkombinationen
- 68 *Spätsommer*
- 70 Bienen und Schmetterlinge
- 72 Samen sammeln
- 74 Neuer Schwung für Rabatten
- 76 Stecklingsvermehrung
- 78 Schutz vor Schädlingen
- 80 Meine schönsten Blüten im Garten
- 82 Pflanzen, die ich haben möchte

84 Herbst

- 86 *Frühherbst*
- 88 Farbe in Rabatten bringen
- 90 Frühlingszwiebelblumen
- 92 Gartengestaltung ohne Pflanzen
- 94 Gärten von Freunden
- 96 *Vollherbst*
- 98 Vorräte anlegen
- 100 Wasser sparen
- 102 Blumen trocknen
- 104 Wildtiere im Garten

Einführung

Gärtnern ist eine Leidenschaft, ganz gleich wie groß ein Garten ist und wie viel Zeit man dafür hat. Mit seinem eigenen Grün kann man sich kreativ einen individuellen, idealen Lebensraum schaffen.

Mit den Jahreszeiten

Nicht der Kalender, sondern die Jahreszeiten geben den Rhythmus des Gartenjahres vor. Ausgesät wird zum Beispiel vor allem im Frühjahr – wann genau, lässt Ihr Garten Sie schon wissen. Die Termine ändern sich je nach Lage und Saisonverlauf von Jahr zu Jahr. Sobald Eis und Schnee weggetaut sind, die Knospen sich öffnen und der Boden wärmer wird, ist es so weit. Versuchen Sie, den optimalen Zeitpunkt abzupassen, dann ist der Erfolg garantiert!

Ihr Gartenjahr

Dieses Gartentagebuch hilft Ihnen, sich nach den Jahreszeiten zu richten. Es gibt Ihnen rechtzeitig die Tipps, die Sie brauchen. Halten Sie darin die Veränderungen in Ihrem Garten fest, angefangen von den ersten Anzeichen für den nahenden Frühling bis hin zum Kälteschlaf des Winters. Schreiben Sie auf, welche Pflanzen Sie kultivieren, was Sie getan haben und was Ihnen gelungen ist. Auf jeder Seite dieses Buches finden Sie nützliche Informationen, etwa wie Sie Farben kombinieren und Kräuter trocknen. Hinzu kommen Empfehlungen, welche Pflanzen beispielsweise als Duftquellen oder für Sommerbeete infrage kommen. Auf vielen Seiten ist Platz, eigene Gedanken, Ideen und Pläne festzuhalten oder aufzuzeichnen, wie gut sich diese und jene Zier- und Nutzpflanzen gemacht haben.

Wertvoller Ratgeber

Nicht fehlen dürfen detaillierte Anleitungen zu vielen wichtigen Gartenthemen, z. B. welche Werkzeuge Sie brauchen, wie Sie Wasser sparen und Wildtiere anlocken. Das alles hilft Ihnen, das Beste aus Ihrem eigenen Garten zu machen. Nicht minder wertvoll aber ist das, was Sie selbst aufschreiben. So wird das Buch mit der Zeit zu einer unverzichtbaren, exakt auf Sie zugeschnittenen Informationsquelle!

Frühjahr

Der Kalender sagt: *Der Frühling* beginnt im März. Für *Gärtner* aber bricht er an, wenn es *wärmer* wird, die Pflanzen *zu wachsen* anfangen und man *das neue Leben* spürt. Das kann in einem Jahr früher, im anderen später der *Fall* sein. Aber ganz gleich, wann es so weit ist: Für uns Gärtner hat dieser *Neubeginn* immer wieder etwas Faszinierendes.

Zeitiges Frühjahr

Es gibt einiges *zu tun* im Garten: Samen müssen gesät, *Gehölze* geschnitten und *Beete* vorbereitet werden. Vor allem aber gibt es viele *Gründe*, sich auf die kommende *Zeit* zu freuen.

Das ist zu tun

Schützen

Empfindliche Pflanzen und Setzlinge nehmen bei Minustemperaturen Schaden oder erfrieren sogar. Kann man sie nicht nach drinnen bringen, muss man sie mit Vlies oder Folie abdecken.

Vortreiben

Kartoffeln kann man »vortreiben«, das heißt, zu einem Frühstart in die Saison anregen. Dazu legt man sie in der Wohnung an einen kühlen, hellen Platz, bis sich die ersten Sprosse zeigen.

Mulchen

Mulch bewahrt Feuchtigkeit im Boden und versorgt Pflanzen mit Nährstoffen. Ideal ist gut verrottete organische Substanz wie Humus aus dem Komposter. Vor dem Mulchen muss gut gegossen werden.

Bestellen

Wer weder den Platz noch die Zeit für Aussaaten hat, bestellt Setzlinge im Versandhandel. Man pflanzt sie gleich nach Erhalt aus. Manche müssen aber auch abgehärtet werden.

Schneiden

Viele sommerblühende Sträucher wie Hortensien blühen nur an neuen Trieben. Damit sie möglichst viele solche Triebe bilden, müssen sie geschnitten werden (*siehe S. 26–27*).

Notizen

Bestandsaufnahme

In jedem Garten herrschen standortspezifische *Bedingungen*. Sie können sich mit der Zeit verändern, wenn *Pflanzen* wachsen und größer werden. Daher sollte man gelegentlich eine *Bestandsaufnahme* vornehmen. So finden Sie heraus, *welche* Bedingungen vorherrschen, und können das *Beste* daraus machen.

Notizen ....

....

Das ist zu beachten

Lichtverhältnisse

Wie viel Sonne Ihr Garten bekommt, hängt von seiner Lage ab. Nach Süden gerichtete Gärten sind eher sonnig, nach Norden gerichtete eher schattig. Je größer Pflanzen werden, desto mehr Schatten werfen sie, selbst wenn sie auf dem Nachbargrundstück stehen. Auch ein Schuppen verändert die Lichtverhältnisse. Notieren Sie sich, welche Flächen im Tagesverlauf im Schatten und in der Sonne liegen, und bepflanzen Sie sie entsprechend.

Wind

Selbst Windrichtung und -intensität können sich mit der Zeit ändern, etwa wenn neue Umzäunungen, Gebäude und Pergolen hinzukommen oder Pflanzen größer werden. All das kann den Wind ablenken, verstärken oder Luftwirbel verursachen. Prüfen Sie, ob der Wind häufig Triebe abbricht oder Pflanzen schief wachsen. Manchmal lohnt sich ein Windschutz oder der Umstieg auf robustere Arten.

Durchlässige Barrieren bremsen den Wind.

Boden

Es dauert Jahre, bis man Böden verbessert hat, etwa durch Einarbeiten von organischer Substanz in tonhaltiges Erdreich. Finden Sie heraus, welcher Bodentyp bei Ihnen vorherrscht (*siehe S. 12–13*), und passen Sie die Bepflanzung entsprechend an.

Pflanzengesundheit

Sehen Sie sich Ihre Pflanzen genau an: Welche wachsen nicht so, wie sie sollten? Alt gewordenen Exemplaren gibt man durch einen Schnitt und Düngergaben neuen Schwung – oder ersetzt sie.

Aufzeichnungen

Durch regelmäßige Aufzeichnungen und Fotos legen Sie sich eine unschätzbare Gartenchronik an. Sie enthält viele wertvolle Informationen über die Wuchsbedingungen und Veränderungen im Lauf der Jahre.

....

....

....

....

Bodenbestimmung

Jede Pflanze hat ihren Lieblingsboden, ob feucht, durchlässig oder sauer. Welche Gewächse Sie in Ihrem Garten kultivieren können, wie Sie Ihr Grün pflegen müssen und wann welche Aufgaben anstehen, hängt zum großen Teil vom Erdreich ab.

Welcher Boden?

Gartenböden setzen sich überwiegend aus Sand, Ton, Lehm und Humus in unterschiedlichen Verhältnissen zusammen. Von ihrem Anteil hängt ab, welchen Bodentyp man hat und ob er schwer oder durchlässig ist oder dazwischen liegt. Damit Pflanzen gedeihen, müssen Sie zunächst wissen, welchen Bodentyp Sie haben. Nehmen Sie dazu von unterschiedlichen Stellen im Garten je eine Handvoll Erde und formen Sie daraus eine Kugel. Ton lässt sich leicht formen, Sand nicht. Lehm ist ebenfalls formbar und hat eine seidige Konsistenz.

Ton

Ton speichert Nährstoffe und Feuchtigkeit gut. Er ist ideal für nährstoffhungrige Nutzpflanzen wie Kohl. Leider ist er aber nur schwer zu bearbeiten. Zudem erwärmen sich tonige Böden im Frühjahr spät, was das Wachstum der Pflanzen verzögert. Wird Ton nicht umgegraben, neigt er zu Staunässe. Umgekehrt trocknen Tonböden bei großer Hitze mitunter, werden steinhart und lassen sich dann gar nicht mehr bearbeiten.

Sand

Sandböden sind leicht zu bearbeiten. Sie erwärmen sich im Frühjahr rasch, deshalb kann man sie früh einsäen. Der Wasserabzug ist sehr gut, sodass sie sich selbst nach viel Regen gleich wieder gut umgraben lassen. Allerdings trocknen sie auch schnell aus.

Lehm

Lehm verbindet die Vorteile von Ton und Sand, hat aber nicht deren Nachteile. Er ist somit der ideale Gartenboden. Allerdings kann es Jahre dauern, bis man den Boden so verbessert hat, dass er einem Lehmboden entspricht.

Boden-pH

Den pH-Wert des Bodens kann man mit einfachen käuflichen Testsets bestimmen. Er lässt sich nicht dauerhaft verändern. Wer Pflanzen kultivieren möchte, die nicht zum pH-Wert des Gartenbodens passen, muss sie notgedrungen in Töpfen kultivieren.

Böden verbessern

Ton- und Sandböden lassen sich durch jahrelanges Einarbeiten von Bodenverbesserern aufwerten.

- **Humus und Stallmist** machen Böden leichter und verbessern ihre Durchlässigkeit, bei Sand außerdem Wasserspeicherfähigkeit und Nährstoffgehalt. Sie müssen aber jedes Jahr eingearbeitet werden.

- **Rindenhumus** verbessert Böden ähnlich wie Humus und Tierdung. Er ist optimal für die Verbesserung sehr schwerer Böden geeignet.

- **Grobsand und feiner Kies** machen schwere Tonböden langfristig leichter. Mitunter sind allerdings weitere Maßnahmen nötig.

- **Torf** verbessert Böden nur minimal und kurzfristig. Auch aus Gründen des Naturschutzes ist er nicht zu empfehlen.

Rabatten planen

Solange die meisten Pflanzen *ruhen*, hat man den besten Überblick über den Garten – ideale Bedingungen also für das Planen *neuer Rabatten*. Bestehendes kann *umgesiedelt*, Neues gepflanzt werden.

MEIN PLAN

Maßstab
1 Quadrat = ……

1. Größe und Form

Wo wollen Sie Ihre Rabatten platzieren? Stecken Sie die Lage im Garten mit Stäben und Schnüren ab. Probieren Sie so lange herum, bis Sie mit Größe, Form und Ausrichtung zufrieden sind.

2. Planung

Notieren Sie die Lage und Maße der neuen Rabatten und zeichnen Sie die Umrisse maßstabsgetreu auf ein Blatt Papier. Bedenken Sie, dass sich auch Elemente in der Nähe, wie z.B. ein Schuppen, auf Aussehen und Wirkung der Rabatte auswirken.

3. Sonne oder Schatten?

Um geeignete Pflanzen zu finden, müssen Sie wissen, wann und wie lange die Rabatte täglich in der Sonne und im Schatten liegt. Denken Sie daran: Auch die Schattenlänge angrenzender Pflanzen und Gebäude verändert sich im Lauf der Saison.

4. Pflanzenwahl

Suchen Sie Pflanzen aus, die sich für die Bedingungen am Standort eignen. Dabei sollten Sie ihre endgültige Größe in Erfahrung bringen, damit Sie wissen, wie viel Platz Sie ihnen zugestehen müssen. In größeren Gärten lohnt es sich ferner, den Bodentyp zu bestimmen *(siehe S. 12–13)*.

5. Stil

Welcher Stil soll es sein – formal-geometrisch oder naturnah? Zeichnen Sie die Pflanzen mit einem Bleistift im Plan ein und verändern Sie das Arrangement so lange, bis Sie zufrieden sind. Kleinere Gewächse werden zu Gruppen mit mindestens drei Exemplaren zusammengefasst, damit sie Wirkung erzielen. Die Anlage ausgedehnter Rabatten kann teuer sein. Bei solchen Großprojekten beginnt man mit den wichtigsten Exemplaren und ergänzt das Arrangement nach und nach.

Das ist zu tun ....

....

....

....

....

Mein Garten
Abmessungen, Boden, Lage

Egal, *wie lange* Sie Ihren Garten schon haben, das Festhalten der wichtigsten Gegebenheiten wie *Größe*, *Boden* und Lichtverhältnisse zu bestimmten *Tageszeiten* lohnt sich immer. Damit können Sie *Veränderungen* planen und den vorhandenen *Platz* optimal nutzen.

Notizen

Maßnehmen

Für Ihre Gartenplanung brauchen Sie nur eine grobe Skizze – es kommt nicht auf den Zentimeter an. Wenn Sie kein langes Maßband haben, messen Sie Grenzen und wichtige Elemente einfach mit der Schrittlänge ab.

Sonne und Schatten

Im Lauf des Tages – und natürlich auch Jahres – ändern sich die Lichtverhältnisse im Garten. Halten Sie fest, wo im Verlauf der Saison wie viel Sonne und Schatten vorherrschen.

Vollfrühling

Die *Tage* werden länger und wärmer, sodass Sie immer *mehr Zeit* im Garten verbringen können. Trotzdem kann es noch Fröste geben. *Halten* Sie daher immer *Abdeckungen* bereit.

Das ist zu tun

Umtopfen
Sobald die Setzlinge etwas größer sind, werden sie vereinzelt, damit sie mehr Platz zum Wachsen haben. Nicht winterharte Exemplare lässt man unter Glas, bis keine Fröste mehr drohen.

Apfel- und Birnbäume
Entfernen Sie bei Apfel- und Birnbäumen totes und krankes Holz, zu dichte Triebe lichten Sie aus. Allzu wüchsige Triebe kürzt man um ein Drittel, das fördert zugleich das Fruchtholz.

Erfrorener Wuchs
Erfrorene Pflanzenteile sehen nicht schön aus. Sobald keine Fröste mehr drohen, schneidet man vor allem von immergrünen Gewächsen alles ab, was den Winter nicht überstanden hat.

Winterschutz lockern
Viele Zierpflanzen an der Grenze zur Winterhärte treiben jetzt aus und brauchen viel Licht. An milden Tagen entfernt man ihren Kälteschutz, nachts packt man sie aber wieder warm ein.

Neue Sträucher
Bäume, Sträucher und Stauden wachsen besser ein, wenn sie während der Vegetationsruhe gepflanzt werden *(siehe S. 126–127)*, noch ist also Zeit. Wässern Sie die ganze Saison gut.

Notizen

Gemüse für die Aussaat drinnen

Buschbohnen
Sorte ....
Datum ....

Ebenfalls jetzt aussäen:
Brokkoli, Gemüsefenchel, Gurken, Knollen- und Stangensellerie, Kürbisse, Paprika, Stangenbohnen, Zuckermais

Auberginen
Sorte ....
Datum ....

Tomaten
Sorte ....
Datum ....

Zucchini
Sorte ....
Datum ....

Chili
Sorte ....
Datum ....

Gemüse für die Freilandaussaat

Ebenfalls jetzt aussäen:
Blumenkohl, Dicke Bohnen, Erbsen, Grünkohl, Karotten, Kohlrabi, Lauch, Pastinaken, Sommerkohl, Spinat, Speiserüben

....
....
....
....
....
....
....
....
....
....
....
....
....
....

Rote Bete
Sorte ....
Datum ....

Rosenkohl
Sorte ....
Datum ....

Spross-Brokkoli
Sorte ....
Datum ....

Kopf- und Pflücksalate
Sorte ....
Datum ....

Radieschen
Sorte ....
Datum ....

Gartenwerkzeug

Gutes Werkzeug erleichtert und beschleunigt die Gartenarbeit. Es lohnt sich, in gute Qualität zu investieren und das beste Werkzeug zu kaufen, das man sich leisten kann. Probieren Sie die zur Wahl stehenden Modelle nach Möglichkeit vorher aus.

Umgraben

Das Umarbeiten von Erdreich ist eine der mühseligsten Arbeiten im Garten. Halten Sie dafür robustes, leicht zu handhabendes Werkzeug parat. Grabgabeln und Spaten sind oft in mehreren Größen und Stiellängen erhältlich. Große Gartenspaten eignen sich vor allem zum Umgraben ausgedehnter Flächen. »Damenspaten« sind kleiner und leichter. Wählen Sie je nach Körpergröße einen kürzeren oder längeren Stiel.

Schneiden

Werkzeug zum Schneiden von Pflanzen muss scharf sein, damit saubere Schnittflächen entstehen, die gut heilen. Welches Gerät Sie brauchen, hängt auch vom Einsatz ab. Für Zweige bis 1,5 cm Durchmesser reicht eine herkömmliche Gartenschere, für dickere Triebe sollte man sich eine Astschere oder -säge besorgen.

Harken

Es gibt zwei Arten von Rechen, und man sollte sie beide haben. Ein Gartenrechen hat kurze, feste Zinken und wird eingesetzt, um Erdreich feinkrümelig zu harken, Saatrillen zu ziehen und Unrat zusammenzurechen. Ein Heurechen hat längere, nicht so starre Zinken und eignet sich vor allem zum Zusammenrechen von Grasschnitt und Laub.

Handwerkzeug

Handschaufeln und -gabeln sind für leichtere Arbeiten in beengten Verhältnissen, etwa zwischen Pflanzen, gedacht. Langstielige Versionen bewähren sich vor allem in Rabatten und machen das mühsame Bücken oder Knien oft überflüssig.

Jäten

Eine Schuffel ist das ideale Werkzeug zum Jäten zwischen Zier- und Nutzpflanzen in Beeten und Rabatten. Sie wiegt wenig und lässt sich einfach handhaben. Für Jätarbeiten zwischen sehr dicht stehenden und empfindlichen Pflanzen gibt es verschieene kurzstielige Hand- und Blumenhacken. Sie werden kniend eingesetzt.

Pflege

Pflegen Sie Ihr Werkzeug – das verlängert die Haltbarkeit. Hochwertiges Werkzeug kann ein Leben lang halten.

- *Entfernen Sie* Erdreste von Werkzeugen. Das verhindert, dass sie rosten und Zinken und Klingen bleiben scharf. Außerdem sinkt das Risiko, dass man Krankheitserreger und Schädlinge verbreitet.

- *Bringen Sie* Ihr Werkzeug gelegentlich zum Schleifen und ölen Sie es regelmäßig ein. Das Säubern der Klingen zwischen den Schnitteinsätzen verhindert Krankheitsbefall.

- *Ölen Sie* Metallteile von Werkzeugen den Winter über ein, damit sie nicht rosten.

- *Überprüfen Sie* Griffe auf Bruchstellen, Risse und andere Schäden, und tauschen Sie sie gegebenenfalls aus.

Gartenstile

Die *Neuanlage* eines Gartens oder die Umgestaltung einer bestehenden Anlage ist eine ideale Gelegenheit, seiner *Kreativität* freien Lauf zu lassen. Es gibt viele verschiedene *Gartenstile*, und Sie können Ihren Garten völlig in einem Stil gestalten oder nur die Elemente übernehmen, die Ihnen *am besten gefallen*.

Ihre Ideen ....

....

....

....

Ihre Pläne ....

....

....

....

Formal-geometrische Gärten

Ordnung und Symmetrie sind die wichtigsten Elemente geometrischer Gärten, die auf großen wie kleinen Flächen eine besondere Wirkung entfalten. Der Schwerpunkt liegt auf klaren Linien, präziser Bepflanzung und Aufmerksamkeit für Details. Die Pflege ist oft zeitaufwendig.

Bauern- und Naturgärten

Sie sind geprägt von naturnaher Bepflanzung mit überbordenden Gruppen aus blühenden Einjährigen und Stauden. Bauerngärten bestehen aus zwanglosen Beeten mit traditioneller Bepflanzung, Naturgärten sind kaum strukturiert und dicht mit Blüten und Gräsern bestückt.

Familiengärten

Spielen, Relaxen, geselliges Beisammensein ... das sind die Prioritäten in familienfreundlichen Gärten. Die Bepflanzung ist robust und braucht wenig Pflege. Der Stil kann sich mit der Zeit verändern: Aus Spielecken werden Pflanzenoasen oder Ruheoasen für Erwachsene.

Tierfreundliche Gärten

Wer Vögel, Schmetterlinge & Co. in seinen Garten lockt, schafft Refugien, in denen es von Leben wimmelt. Nektarreiche Blüten, Samenstände und Früchte bieten Nahrung, Holzstapel, verwilderte Winkel und Teiche Lebensräume. Solche Elemente haben in vielen Gartenstilen Platz.

Moderne Designergärten

Gartendesign entwickelt und verändert sich – DEN modernen Garten gibt es nicht. Selbst traditionellen Gärten kann man eine moderne Note geben. Zeitgenössische Anlagen sind meist von Elementen aus Beton, Stahl und Glas geprägt. Ideen finden Sie in Magazinen und auf Ausstellungen.

Hydrangea macrophylla

Rückschnitt ist wichtig.

Sträucher schneiden

Viele *sommergrüne Sträucher*, die ab Hochsommer an neuen Trieben blühen, sollten im Frühjahr *geschnitten* werden. Das regt die Pflanzen zu kräftigem, gesundem Wuchs an und hält sie ansehnlich und *gut in Form*.

Jetzt schneidet man:
Sommerflieder (*Buddleja davidii*), *Caryopteris × clandonensis*, winterharte Fuchsien, *Hibiscus syriacus*, *Hydrangea macrophylla*, *Perovskia*, Perückenstrauch (*Cotinus coggygria*), *Spiraea japonica* und Malven (*Lavatera*).

1. Mit einer sauberen, scharfen Gartenschere alle abgestorbenen, kranken und verletzten Triebe bis zur Basis entfernen. Auch aus der Reihe tanzende Triebe abschneiden, um die Form der Pflanze zu verbessern.

2. Alle Triebe, die im letzten Jahr geblüht haben, bis auf 2–4 Knospen über älteren Trieben zurückschneiden. Dabei möglichst bis zu einer nach außen gerichteten Knospe schneiden, damit frische Triebe von der Mitte weg wachsen.

3. Um Platz für neue Triebe zu schaffen, 2–3 der ältesten Äste (nicht mehr als ein Drittel) bis zum Boden zurückschneiden.

4. *Buddleja* und *Lavatera* sind sehr wüchsig und werden kräftiger geschnitten als andere Sträucher. Alle ihre Triebe bis auf 1–3 Knospen bzw. 60–90 cm an älterem Holz zurückschneiden. 2–3 der ältesten Triebe ganz entfernen.

Notizen ....

Frühlingsboten
im Garten

Nach einem langen, *kalten Winter* sind die ersten Frühlingsboten ein *Versprechen* des Gartens, dass er noch viel mehr für Sie bereithält. Notieren Sie alles: tapfere *frühe Blüten*, Gehölze, die zarte *Knospen* öffnen, und natürlich die ersten tierischen Besucher.

Notizen

Die Zeichen deuten

Mit den ersten unmissverständlichen Frühlingsboten gibt Ihnen die Natur zu verstehen, dass sich die Wachstumsbedingungen verbessern. Jetzt wird es Zeit im Garten anzupacken, Samen zu säen und Rabatten auf Vordermann zu bringen. Lassen Sie sich vom Wandel der Jahreszeiten leiten.

Auf der Hut bleiben

Wenn Sie sich Notizen über den Frühlingsverlauf machen, können Sie erkennen, wo noch Raum für Verbesserungen ist: Die ersten Blüten erscheinen erst Ende Mai? Dann sollten Sie früher blühende Arten pflanzen. Die Pracht ist zu schnell vorüber? Ergänzen Sie länger und später blühende Arten.

Spätfrühling

Wenn sich der Boden *weiter erwärmt*, wächst alles plötzlich viel schneller – der *Garten* erwacht vollends zum *Leben*. Das gilt aber auch für *Schädlinge* – schützen Sie Ihr Grün davor.

Das ist zu tun

Immergrüne Sträucher schneiden

Immergrüne Sträucher treiben jetzt kräftig aus. Das ist die beste Zeit, ihnen einen Schnitt zu verpassen. Entfernen Sie auch überlange Triebe.

Notizen

Äpfel und Birnen schützen

Die Larven des Apfelwicklers verderben unreife Früchte von Äpfeln und Birnen. Fangen Sie die adulten Tiere mit Pheromonfallen, bevor sie ihre Eier legen.

Netze spannen

Viele Gemüsesorten sind anfällig für Taubenfraß und Schädlinge wie die Möhrenfliege. Sie schützen Ihre Kulturen, indem Sie feine Plastiknetze über die Beete spannen.

Teichpflanzen

Nicht nur Rabatten, sondern auch Teiche werden nun bei Bedarf neu bepflanzt. Versenken Sie die Pflanzen in der für sie geeigneten Tiefe und sorgen Sie dafür, dass sie stabil stehen.

Verblühtes abschneiden

Verblühte Stauden, z.B. Bergenien, sehen oft unschön aus. Schneiden Sie welke Blüten und altes Laub ab. Da Bergenien immergrün sind, lässt man ihre jungen Blätter aber stehen.

Blumen für die Freilandaussaat

Sonnenblume
(Helianthus annuus)
Sorte ....
Datum ....

Sumpfblume
(Limnanthes douglasii)
Sorte ....
Datum ....

Kapuziner-kresse
(Tropaeolum majus)
Sorte ....
Datum ....

Jungfer im Grünen
(Nigella damascena)
Sorte ....
Datum ....

Doldige Schleifenblume
(Iberis umbellata)
Sorte ....
Datum ....

Ebenfalls jetzt aussäen:

✿ Einjährige: Kornblume (*Centaurea cyanus*), Atlasblume (*Clarkia amoena*), Samt-Skabiose (*Scabiosa atropurpurea*)
✿ Stauden: Rittersporn (*Delphinium hybridum*), Ausdauernde Lupine (*Lupinus perennis*)

....
....
....
....
....
....
....
....
....
....
....
....
....

Gemüse für die Freilandaussaat

Ebenfalls jetzt aussäen:
Brokkoli (Calabreser), Grünkohl, Karotten, Knollenfenchel, Kohlrabi, Kopfsalat, Lauch, Rettiche und Radieschen, Rosenkohl, Rote Bete, Speiserüben, Spinat, Spross-Brokkoli, Steckrüben, Winterblumenkohl

Noch unter Glas aussäen:
Gurken, Kürbisse, Stangen- und Buschbohnen, Zuckermais und Zucchini

Pastinaken
Sorte
Datum

Stielmangold
Sorte
Datum

Kürbisse
Sorte
Datum

Erbsen
Sorte
Datum

Winterkohlsorten
Sorte
Datum

Pflanzenwahl

Neues für den Garten zu kaufen, nur um es kümmern oder gar eingehen zu sehen, ist frustrierend und reine Geldverschwendung. Enttäuschungen vermeidet, wer seine Pflanzen zur rechten Zeit erwirbt und sich nur die gesündesten Exemplare aussucht.

Sommerblumen

Wer keinen Platz hat, um seine Neuerwerbungen frostfrei zwischenzulagern, sollte nicht winterharte Sommerblumen erst kaufen, wenn wirklich kein Frost mehr zu erwarten ist. Suchen Sie sich Jungpflanzen mit reichlich gesunden Trieben und Blättern aus, aber lassen Sie die Finger von blühenden Exemplaren. Ausgepflanzt wird so früh wie möglich.

Stauden

Gesunde Stauden sollten einen kräftigen, jedoch nicht verdichteten Wurzelballen im Topf haben. Je nach Art sollte man Exemplare mit mehreren gesunden Knospen oder Trieben aussuchen, aber anders als bei Sommerblumen schadet es nicht, wenn sie schon blühen.

Je jünger sie gekauft werden, desto besser wachsen sie ein.

Sträucher

Wie Stauden sollten auch Sträucher einen nicht verdichteten Wurzelballen haben. Wichtig sind außerdem gesundes Laub und eine ausgewogene Form. Auf Exemplare mit verletzten Trieben, schwachem Wuchs und Anzeichen von Krankheitsbefall sollte man unbedingt verzichten. Unkraut und Moos auf der Topferde deuten darauf hin, dass die Pflanze schon lange im Gefäß steht – solche Ladenhüter lässt man ebenfalls stehen.

Bäume

Neue Bäume prüft man wie Sträucher. Lässt sich der Baum nicht aus dem Topf ziehen, legt man ihn auf die Seite und sieht nach, ob Wurzeln aus dem Abzugsloch wachsen: Wenn ja, sollte man auf den Kauf verzichten. Bei veredelten Exemplaren sollte die Veredelungsstelle gut verwachsen, bei Obstbäumen die Unterlage angegeben sein.

Samen

Achten Sie beim Kauf von Samenpäckchen auf das Verfallsdatum. Saatgut muss an einem kühlen, trockenen, dunklen Ort gelagert werden.

Zwiebelkauf

Ruhende Zwiebeln zu kaufen ist immer ein Risiko, da sie sich nicht im aktiven Wachstum befinden und gesund aussehen können, ohne wirklich gesund zu sein.

- *Kaufen Sie Zwiebeln,* sobald sie erhältlich sind – dann sind sie frisch. Nach dem Herausnehmen aus dem Boden verschlechtert sich ihre Qualität nach und nach.

- *Prüfen Sie Zwiebeln* auf Anzeichen von Fäulnis oder Beschädigung. Nicht kaufen sollte man weiche Exemplare und solche, die ihre äußerste Schale verloren haben oder schon auszutreiben beginnen.

- *Pflanzen Sie neue Zwiebeln* so bald wie möglich nach dem Kauf. Ist das nicht möglich, sollte man sie vorübergehend an einem kühlen, dunklen und luftigen Platz lagern, etwa in einem Schuppen oder einer Garage.

Farben kombinieren

Die Farben für *neue Pflanzungen* kombinieren? Viele trauen sich das nicht – zu groß ist die Angst, *Fehler* zu machen. Mit einem *Farbrad* aber kann man nichts falsch machen. Es zeigt *harmonierende* und kontrastierende Farben, mit denen *stimmige Arrangements* entstehen.

grün und rot

türkis und rot-orange

Spannungsreich

Wer lebhafte Pflanzungen mit kräftigen, kontrastierenden Farben bevorzugt, wählt Töne, die sich auf dem Farbrad gegenüberliegen, etwa Gelb und Violett oder Blau und Orange. Kombinieren Sie z. B. orange und gelbe Studentenblumen mit blauen Kornblumen und violetten Lobelien.

Harmonisch

Ruhigere Arrangements erreicht man mit Farben, die auf dem Farbrad nebeneinanderliegen, etwa Blau und Violett oder Orange und Rot. Noch subtiler wirkt die Kombination benachbarter Zwischentöne wie Rosa. Sie werden oft mit einem zweiten, äußeren Ring dargestellt.

Monochrom

Bei sorgfältiger Planung können auch Kompositionen mit nur einer Farbe, etwa Weiß oder Rot, sehr angenehm wirken. Um Monotonie zu vermeiden, sollte man aber unterschiedliche Töne ein und derselben Farbe einsetzen. In einer

violett und gelb

blau und orange

weiß dominierten Pflanzung wären das Blüten mit zarten Blau-, Rosa-, Grün- oder Cremegelbtönen in Kombination mit Laubschmuckpflanzen.

Abwechslungsreich

Mit etwas Geschick kann man Pflanzungen so entwerfen, dass sie ihr Gesicht im Lauf der Saison verändern und einmal lebhafter, dann wieder ruhiger wirken. Dazu arbeitet man mit unterschiedlichen Blütezeiten und setzt immergrüne Pflanzen als Kulisse ein.

Frühlingsdüfte

Viele *Frühstarter* unter den Frühlingsboten gehören zu den am stärksten duftenden Pflanzen. Sie erfüllen ganze Gärten mit ihrem betörenden *Wohlgeruch*. Die Auswahl reicht von großen *Sträuchern* bis hin zu Beetpflanzen.

Standortfrage

Um möglichst viel von Duftpflanzen zu haben, setzt man sie in Hausnähe, wo man ihren Duft durch das offene Fenster genießen kann. Auch neben Wegen oder Sitzbereichen sind sie günstig positioniert. Viele duften am stärksten an sonnigen Tagen und sollten daher an einem sehr hellen Platz stehen.

Notizen ....

....

....

Winterblüte (*Chimonanthus praecox*)

Hyazinthe (*Hyacinthus orientalis*)

Goldlack (*Erysimum cheiri*)

Osmanthus delavayi (Kalthaus)

Zaubernuss (*Hamamelis × intermedia*)

Choisya ternata (Winterschutz)

Notizen ....

....

....

....

....

....

....

Corylopsis pauciflora

Viburnum carlesii

Mahonia × media

Sarcococca confusa

Polygonatum odoratum

Daphne × burkwoodii

Die schönsten Plätze in meinem Garten

Selbst wenn Sie *stolz* auf Ihren gesamten *Garten* sind, so gibt es doch sicher ein paar *Winkel*, die Ihnen besonders *gefallen*. Das kann eine *Rabatte* im Frühling oder ein Gemüsebeet im Herbst sein. Was ist Ihre *Lieblingsecke*?

Lieblingsplätze

Mein Lieblingsfoto

Sommer

Prachtvolle Blüten, schwere *Düfte* und *Leckeres* aus dem eigenen Garten sind die Highlights des Sommers. Keine *Jahreszeit* hat so viel zu bieten. Reichlich Sonne und lange Tage animieren *Pflanzen* zu Höchstleistungen. Allerdings brauchen sie jetzt auch *am meisten Aufmerksamkeit*. Wobei das Gärtnern inmitten der ganzen Pracht aber alles andere als unangenehm ist!

Frühsommer

Jetzt macht der *Aufenthalt* im Garten besonderen Spaß. Farbenfrohe *Blüten* und reifendes *Obst und Gemüse* sind der Lohn Ihrer Arbeit im Frühjahr. Das Beste aber *kommt noch*!

Das ist zu tun

Beete bepflanzen

Sommerblumen können nun in Rabatten und Gefäße gepflanzt werden. Kaufen Sie Ihre Pflanzen aber bald, damit Sie sich die schönsten und gesündesten Exemplare aussuchen können.

Obst schützen

Vögel lieben Obst – bald werden sie die reifenden Leckereien ins Visier nehmen. Halten Sie die hungrigen Schnäbel mit Netzen fern. Sie werden am Boden befestigt und straff gespannt.

Dicke Bohnen entspitzen

Sobald Dicke Bohnen Hülsen ansetzen, zwickt man ihre Triebspitzen ab. Das erhöht den Ertrag und hält Blattläuse fern, die frische Triebe befallen. Die Spitzen sind ein schmackhaftes Gemüse.

Algen entfernen

Wachsen die Algen zu stark, holen Sie sie mit einem Rechen aus dem Teich. Oder Sie geben Säcke mit Gerstenstroh ins Wasser. Das Stroh gibt einen Stoff frei, der das Algenwachstum hemmt.

Regelmäßig düngen

Nutz- wie Zierpflanzen tut nun eine regelmäßige Nährstoffdosis gut. Ein normaler Flüssigdünger reicht für die meisten Gewächse, nur Fruchtgemüse ist mit Tomatendünger besser bedient.

Notizen

Blüten für die Freilandaussaat

Vergissmeinnicht
(Myosotis sylvatica)

Sorte ....
Datum ....

Ebenfalls jetzt aussäen:

✿ Einjährige: Blaue Hainblume (*Nemophila menziesii*), Gewöhnlicher Natternkopf (*Echium vulgare*)

✿ Zweijährige und Stauden: Marien-Glockenblume (*Campanula medium*), Stauden-Mohn (*Papaver orientale*)

Stiefmütterchen
(Viola × wittrockiana)

Sorte ....
Datum ....

Gewöhnliche Akelei
(Aquilegia vulgaris)

Sorte ....
Datum ....

Garten-Levkoje
(Matthiola incana)

Sorte ....
Datum ....

Roter Fingerhut
(Digitalis purpurea)

Sorte ....
Datum ....

Gemüse für die Aussaat

Ebenfalls jetzt aussäen:
Brokkoli (z.B. Calabrese), Busch- und Stangenbohnen, Erbsen, Frühjahrskohl, Grünkohl, Kohlrabi, Kürbisse, Rettiche und Radieschen, Sommerblumenkohl, Speiserüben, Spinat, Spross-Brokkoli, Steckrüben, Stielmangold

Unter Glas aussäen:
Salatgurken

....
....
....
....
....
....
....
....
....
....
....
....

Rote Bete
Sorte ....
Datum ....

Karotten
Sorte ....
Datum ....

Pflück- und Kopfsalate
Sorte ....
Datum ....

Zucchini
Sorte ....
Datum ....

Knollenfenchel
Sorte ....
Datum ....

Häufige Unkräuter

Selbst die schönsten Zierpflanzen werden zum Unkraut, wenn sie dort wachsen, wo sie unerwünscht sind. Manche allerdings sind grundsätzlich fehl am Platz und sollten daher immer gleich gejätet werden.

Acker-Kratzdistel (1)

Dieses Unkraut setzt sich in Rabatten und auf nackter Erde fest. Es verbreitet sich über Samen, Wurzelausläufer und sogar kleine Wurzelstückchen.
Bekämpfung: Junge Pflanzen werden gejätet, dabei den ganzen Wurzelballen entfernen. Blüten abschneiden, um das Aussamen zu verhindern.

Kletten-Labkraut (2)

Die schnell wachsende, kriechende Einjährige breitet sich leicht durch Aussaat aus. Die Samen befinden sich in klebrigen Früchten.
Bekämpfung: Sämlinge durch Jäten, ältere Pflanzen noch vor der Blüte ausreißen.

Brennnessel (3)

Die horstbildende Staude wächst oft zwischen Rabattenpflanzen. Sie breitet sich über Samen und Wurzeln rasch aus.
Bekämpfung: Kleine Brennnesseln werden mit der Hacke gejätet, größere ausgerissen.

Löwenzahn (4)

Die tief reichenden, zähen Pfahlwurzeln des Löwenzahns bekommt man oft nur schwer aus der Erde. Die Staude ist häufig in Rabatten und Rasen zu finden. Ihre Samen werden vom Wind verbreitet.
Bekämpfung: Sämlinge durch Jäten, ältere Pflanzen ausgraben.

Zaunwinde (5)

Ein berüchtigtes Unkraut, das in Blumen- und Gemüsebeeten ganze Pflanzen überwuchern und ersticken kann. Schon kleinste Wurzelstückchen treiben wieder neu aus.
Bekämpfung: Ausgraben und aus der Erde auch kleinste Wurzelreste aussieben.

Behaartes Schaumkraut (6)

Das einjährige Unkraut blüht und samt schon wenige Wochen nach der Keimung aus. Seine Samen werden bei Berührung der Schoten herausgeschleudert.
Bekämpfung: Durch Jäten und Aufsammeln vor der Blüte. Nicht auf den Kompost, sondern in den Müll geben.

Weitere Unkräuter

- *Einjähriges Rispengras* Es blüht rasch, samt ebenso rasch aus und wächst fast überall. Man entfernt es durch Jäten und Ausreißen noch vor der Blüte.

- *Ampfer* ist ein mehrjähriges Unkraut, das große Horste bildet und sich durch Aussaat vermehrt. Seine tiefen Wurzeln sind schwer zu entfernen. Es wird gejätet.

- *Giersch* ist ein sehr lästiges Unkraut, das sich über wuchernde Wurzeln ausbreitet. Man bekämpft ihn, indem man ihn mehrmals im Jahr abhackt oder die Wurzeln aus dem Boden mit der Grabegabel gründlich entfernt.

- *Kreuzkraut und Weißer Gänsefuß* sind einjährige Unkräuter und kommen im ganzen Garten vor. Sämlinge werden gejätet, ältere Pflanzen ausgerissen, bevor sie blühen und Samen ansetzen.

Sommerblumen für Töpfe und Hängeampeln

Mit der *Gestaltung* von Töpfen und Hängeampeln stellen Sie Ihren grünen Daumen und ihr Stilempfinden unter *Beweis*. Dabei sollten Sie aber nicht *vergessen*, dass sich manche Pflanzen besser für bestimmte Standorte eignen als andere. Hier einige *Tipps und Anregungen*.

Heiße Standorte

Pflanzgefäße sind gewöhnlich für vollsonnige Standorte genau das Richtige. Weil es im Sommer dort aber richtig heiß werden kann, sollte man auch Pflanzen wählen, die das vertragen.

Empfehlenswert: *Arctotis fastuosa* • Blaue Kapaster (*Felicia amelloides*) • Kosmeen • Dahlien • Nemesien • Tabak • Garten-Ringelblume (*Calendula officinalis*) • Pelargonien • Petunien • Feuersalbei (*Salvia splendens*) • Löwenmaul (*Antirrhinum*) • Brachyscome • Studentenblumen • Zinnien

Schattige Winkel

Auch für schattige Ecken, in die man Farbe bringen will, sind Pflanzgefäße geeignet, solange man Pflanzen ohne allzu großen Lichthunger wählt. Solche Töpfe passen auch auf die Schattenseite von Gefäßen, die in der Sonne stehen.

Geeignet: *Begonia semperflorens* • Fleißige Lieschen (*Impatiens*) • *Scaevola aemula* • Strauchige Sonnenwende (*Heliotropium arborescens*) • Lobelien • Stiefmütterchen • Schneeflockenblumen • nicht winterharte Fuchsien • *Torenia fournieri*

Notizen ....

....

....

....

Trockene Plätze

Pflanzgefäße brauchen im Sommer oft täglich Wasser. Hat man wenig Zeit zum Gießen, sollte man Arten wählen, die wenig Wasser brauchen. So können Sie die Show genießen, ohne ständig zur Gießkanne greifen zu müssen.

Asketen: *Lobularia maritima* • *Eschscholzia californica* • Silber-Brandschopf (*Celosia argentea*) • Kosmeen • *Dichondra argentea* • Gazanien • *Lantana camara* • Eiskraut • Kapmargeriten • Silber-Greiskraut (*Senecio cineraria*) • Zinnien

Exponierte Lagen

In exponierten Gärten braucht man Pflanzen, die Wind und Regen vertragen. Gerade Blumenampeln sind an windigen Standorten gefährdet. Wählen Sie deren Bewohner deshalb unbedingt mit Bedacht aus.

Planzen: Strand-Silberkraut (*Lobularia maritima*) • Sommer-Phlox (*Phlox drummondii*) • Sommer-Schleierkraut (*Gypsophila elegans*) • *Begonia semperflorens* • Fleißige Lieschen (*Impatiens*) • Schlafmützchen (*Eschscholzia californica*) • *Xerochrysum bracteatum* • Lobelien

Meine liebsten
Beete und Rabatten

Beete und Rabatten sind die Leinwand Ihres Garten. Mit etwas Geschick und Talent gelingen Ihnen dort ansprechende Kombinationen. Kein Arrangement gleicht dem anderen, nicht einmal in ein und demselben Garten. Welche Pflanzung gefällt Ihnen am besten – ob Zuhause oder anderswo?

Vom Erfolg lernen

Es reicht nicht, eine Lieblingsrabatte zu benennen – man muss auch wissen, was einem an ihr gefällt. Ist es die Kombination der Blütenfarben oder Blatttexturen oder das generelle Aussehen der Pflanzung? Sobald Sie Ihre Vorlieben kennen, können Sie Vergleichbares an anderen Stellen im Garten anlegen.

Notizen

Hochsommer

Jetzt ist der Garten auf seinem *Höhepunkt*! Die Pflanzen geben *ihr Bestes* – Zeit, auf das *Erreichte* stolz zu sein. Es gibt zwar noch zu tun, doch die *Erholung* sollte nicht zu kurz kommen.

Das ist zu tun

Vögel tränken
Gartenvögel brauchen im Sommer täglich frisches Wasser zum Trinken und Baden. Ihr Reservoir muss regelmäßig aufgefüllt und gereinigt werden.

Notizen

Zwiebeln aufnehmen
Die ersten Speisezwiebeln sowie Schalotten können geerntet werden, sobald ihr Laub gelb wird und umfällt. Man nimmt sie auf und trocknet sie ein paar Tage auf Rosten.

Früchte ausdünnen
Obstbäume werfen überschüssige Früchte ab, oft muss man aber zusätzlich ausdünnen. Äpfel brauchen 15 cm, Pflaumen 5–8 cm Abstand. Bei Birnen eine Frucht pro Blütenbüschel stehen lassen.

Steinobst schneiden
Kirschen, Pflaumen und Pfirsiche sind anfällig für Bleiglanz, eine Pilzkrankheit. Man senkt das Befallsrisiko, indem man nur bei trockener Witterung und während des Wachstums schneidet.

Wildtriebe entfernen
Viele Bäume und Sträucher bilden im Sommer Wildtriebe, die die Pflanzen schwächen und ihre Form beeinträchtigen. Man schneidet sie nicht ab, sondern reißt sie mit der Hand ab.

Blumen für die Freilandaussaat

Kornblume
(Centaurea cyanus)
Sorte ....
Datum ....

Klatsch-Mohn
(Papaver rhoeas)
Sorte ....
Datum ....

Goldlack
(Erysimum cheiri)
Sorte ....
Datum ....

Schleierkraut
(Gypsophila elegans)
Sorte ....
Datum ....

Ringelblume
(Calendula officinalis)
Sorte ....
Datum ....

Ebenfalls jetzt aussäen:

✿ **Einjährige:** Kapuzinerkresse (*Tropaeolum majus*), Löwenmäulchen (*Antirrhinum majus*)

✿ **Zweijährige und Stauden:** Gewöhnliche Akelei (*Aquilegia vulgaris*), Stockrose (*Alcea rosea*)

....
....
....
....
....
....
....
....
....
....
....

Gemüse für die Freilandaussaat

Ebenfalls jetzt aussäen:
Brokkoli (Calabrese), Busch- und Stangenbohnen, Frühjahrskohlsorten, Grünkohl, Knollenfenchel, Kopf- und Pflücksalate, Speiserüben

Rote Bete
Sorte ....
Datum ....

Karotten
Sorte ....
Datum ....

Spinat
Sorte ....
Datum ....

Kohlrabi
Sorte ....
Datum ....

Radieschen
Sorte ....
Datum ....

Freund und Feind

Unsere Gärten werden von zahlreichen Insekten und anderen Tieren bevölkert. Manche richten Schäden an, andere machen sich nützlich. Zu Letzteren zählen Bestäuber, Bodenverbesserer und die willkommensten aller Verbündeten: Schädlingsvertilger.

Bestäuber (1)

Fast alle Insekten, die vom Nektar in Blüten naschen, tragen auch zu deren Bestäubung bei und sind damit unsere Verbündeten. Bienen und Schmetterlinge kennt jeder, doch Wespen und Fliegen gehören ebenfalls dazu. Angelockt werden sie vor allem von farbenfrohen, ungefüllten Blüten.

Schädlingspatrouille (2 & 6)

Amphibien und viele Kleinsäuger fressen Insekten und Schnecken. Wer ihnen im Garten Lebensräume und Trinkwasser bietet, hat gute Chancen, sie als Alliierte zu gewinnen.

Vögel (3)

Viele Kleinvögel wie Meisen, Rotkehlchen und Zaunkönige sind eifrige Insektenvertilger. Sie verschonen zwar auch Nützlinge nicht, doch schnappen sie sich ebenso Raupen auf Obst und Gemüse. Größere Arten, etwa Drosseln, dezimieren ferner Schnecken. Angelockt werden Vögel von Nahrung, Wasser und einladenden Lebensräumen.

Nützliche Käfer (4)

Manche Insekten leben von Pflanzen, andere von denen, die von Pflanzen leben. Die bekanntesten sind Marienkäfer, Schwebfliegen und Florfliegenlarven, doch auch Hundertfüßer und Laufkäfer gehören dazu, ebenso Spinnen. Sie werden gefördert, wenn man ihnen pestizidfreie Lebensräume zur Verfügung stellt.

Bodenverbesserer (5)

Gesunde Gartenböden sind voller Bodeninsekten, Würmer, Pilze und Bakterien. Sie spalten organische Substanzen im Boden auf, sodass diese Nährstoffe von Pflanzen aufgenommen werden können. Für ein gesundes Bodenleben mulcht man das Erdreich regelmäßig mit gut verrotteter organischer Substanz wie Kompost.

Pflanzenfeinde

Pflanzen sind von der Triebspitze bis zur Wurzel Angriffsfläche für Schädlinge. Manche lassen sich leicht entdecken, etwa Blattläuse, andere sind winzig oder gut versteckt. Man kann sie absammeln oder den vielen Nützlingen überlassen.

Dickmaulrüssler

Schnecken

Raupen

Blattläuse

Lilienhähnchen

Raupen

Nicht vergessen ....

Der Garten im Urlaub

Im *Sommer* gibt es im Garten viel zu tun – gleichzeitig fahren die meisten in dieser Zeit in Urlaub. Manchmal kümmern sich *Freunde* und Nachbarn um das Grün, doch man kann den *Garten* auch vor der Abreise für die eigene Abwesenheit vorbereiten.

Wochenendurlaub

Wässern Sie vor der Abreise alle Töpfe gründlich, insbesondere die, in denen Obst und Gemüse wachsen. Auch frisch Gepflanztes braucht viel Flüssigkeit. Das Abzwicken welker Blüten an Einjährigen und Stauden und das Abernten reifer Tomaten und Erdbeeren drosselt den Energieverbrauch der Pflanzen und erhöht ihre Ausdauer.

Halten Sie Gewächshäuser kühl, indem Sie alle Fenster öffnen, den Boden mit Wasser besprühen und die Beschattung zuziehen. Auch unter Glas müssen alle Pflanzen und insbesondere Obst und Gemüse gut gewässert werden.

Ratsam: Bewässerungssysteme

Checkliste

- ☐ Töpfe wässern
- ☐ Welke Blüten abzwicken
- ☐ Töpfe in den Schatten stellen
- ☐ Untersetzer mit Wasser füllen
- ☐ Obst und Gemüse ernten
- ☐ Nachbarn um Hilfe bitten
- ☐ ....
- ☐ ....
- ☐ ....

Eine Woche Urlaub

Stellen Sie alle Gefäße an einen kühlen, schattigen Platz und füllen Sie die Untersetzer mit Wasser. Falls sie zu schwer zum Tragen sind, beschattet man sie nach Möglichkeit. Hat es schon eine Weile nicht geregnet, wässert man auch Rabatten und erntet ab, was überreif werden könnte, insbesondere Erbsen, Bohnen, Zucchini und Tomaten. Vielleicht können Sie die Köstlichkeiten ja jemandem überlassen, der bereit ist, sich um den Garten zu kümmern.

Mehrwöchiger Urlaub

Für längere Urlaube lohnt sich die Installation eines kleinen Bewässerungssystems. Sinnvoll ist etwa ein Sickerschlauch, der an einen Timer angeschlossen ist. Ist eine Schönwetterperiode zu erwarten, wässern Sie Rabatten und Gemüsebeete vorher gut und mulchen den Boden – das speichert Feuchtigkeit. Was während des Urlaubs reift und faulen könnte, muss abgezupft oder von Nachbarn oder Freunden geerntet werden, z.B. Erbsen, Bohnen, Tomaten und Zucchini.

Tomaten anbauen

Tomaten aus Eigenanbau zu genießen ist ein echtes Sommer-Highlight. Kaum eine andere Gemüsekultur macht mehr *Spaß*, selbst wenn man nur ein paar Pflanzen kultiviert. Die Auswahl an Sorten ist groß – ob für das *Gewächshaus* oder das *Freiland.* Sie müssen allerdings unterschiedlich behandelt werden.

Notizen ....

....

....

Seitentriebe abzwicken   *Das Wachstum stoppen*   *Triebe anbinden*

Anbautipps

Tomaten mögen es warm und geschützt, sie werden in kühleren Gegenden also am besten im Gewächshaus gezogen. Unter geeigneten Bedingungen aber ist auch eine Kultur draußen möglich, entweder direkt im Beet oder in Gefäßen.

Stabtomaten

Sie kommen bei der Unterglaskultur am häufigsten zum Einsatz. Man zieht sie als einzelnen Trieb an einer Stütze. Dazu wird vor dem Pflanzen ein hoher Stab in die Erde gesteckt oder eine Schnur zwischen Gefäß und Gewächshausrahmen gespannt und der Setzling direkt daneben gepflanzt. An Stäbe bindet man den Trieb an, um Schnüre kann man ihn auch wickeln.

Während des Wachstums zwickt man alle Seitentriebe in den Blattachseln ab (*siehe ganz links*) und lässt nur den Haupttrieb stehen. Damit sich Früchte bilden, wird die Triebspitze (*siehe links Mitte*) abgezwickt, sobald der Trieb am oberen Ende der Stütze angelangt ist oder 4–5 Tomatenrispen gebildet hat.

Buschtomaten

Buschtomaten dürfen eine natürliche Buschform entwickeln. Weil sie mehr Platz brauchen, werden sie in der Regel im Freiland gezogen. Vor dem Pflanzen stellt man eine hohe Stütze auf, pflanzt den Setzling daneben und bindet seinen Trieb an die Stütze. Die Seitentriebe lässt man ungehindert wachsen, sie müssen aber jeweils separat gestützt werden. Die Triebe werden sukzessive angebunden (*siehe links*). Sobald sie 3–4 Rispen tragen, kappt man ihre Spitze.

Düngen und Wässern

• Wässern Sie die Pflanzen immer gut, vor allem wenn sie bereits Früchte tragen. Wassermangel lässt die Früchte platzen.

• Sobald die Blüte einsetzt, verabreicht man Tomaten einen kaliumreichen Dünger. Er ist meist als Tomaten- oder Kalidünger im Handel.

Meine besten Duftpflanzen im Garten

Düfte sind eine *Bereicherung* für jeden Garten und erweitern das sinnliche Erleben um eine neue Dimension. *Rosen* sind für ihren Wohlgeruch berühmt, doch gibt es noch viele weitere Duftpflanzen, die die *Stimmung heben*.

Pflanzen

Mein schönstes Foto

Meine schönsten
Farbkombinationen

Pflanzen und Blüten gibt es in allen nur erdenklichen Farben – sogar in Schwarz. Die Möglichkeiten der farblichen Gestaltung im Garten kennen also kaum Grenzen. Mit guter Planung können Sie sogar erreichen, dass im Lauf der Saison mehrere Farbkombinationen in Folge blühen.

Inspiration

Bei der Farbgestaltung müssen Sie sich nicht zwangsläufig von Pflanzungen Inspiration holen. Auch Gemälde, Urlaubsfotos oder Stoffe liefern Anregungen. Werfen Sie Konventionen über Bord: Manche Farbkombinationen mögen ungewöhnlich sein, aber wenn Sie Ihnen gefallen: Nur zu!

Pflanzenwahl

Die Auswahl der Pflanzen gelingt am besten, wenn man diese in natura sieht. Schauen Sie sich in Gärtnereien und anderen Gärten um.

Notizen

Spätsommer

Der *Sommer* neigt sich dem Ende zu und die Blumenrabatten werden allmählich *müde*. Dafür ist *Obst und Gemüse* nun ganz groß im Kommen. Wichtig ist regelmäßiges *Ernten*.

Das ist zu tun

Himbeerruten anbinden
Nach dem Abernten der Sommerhimbeeren schneidet man alte Ruten bis zum Ansatz zurück. Frische, nicht fruchttragende Ruten werden an die Stütze gebunden.

Regelmäßig jäten
Unkraut wächst im Moment stark und versucht, Samen für das nächste Jahr zu produzieren. Wenn Sie noch vor der Blüte so viel wie möglich jäten, haben Sie im nächsten Jahr weniger zu tun.

Mais prüfen
Zuckermais schmeckt reif am besten. Klappen Sie die Schale der Kolben beiseite und drücken Sie mit dem Fingernagel in ein Korn. Kommt milchiger Saft heraus, kann geerntet werden.

Lavendel stutzen
Lässt man Lavendel wachsen, wird er langtriebig und hat ein kurzes Leben. Schneiden Sie verblühte Triebe aus und kürzen Sie Triebspitzen um bis zu 3 cm. Nicht in altes Holz schneiden!

Teichfilter reinigen
Schlamm, Algen und Pflanzenreste können Filter und Pumpen mit der Zeit verstopfen und ihre Funktion beeinträchtigen. Reinigen Sie die Geräte sorgfältig unter laufendem Wasser.

Notizen

Bienen und Schmetterlinge

Bienen und Schmetterlinge bringen *Farbe, Bewegung und Leben* in den *Sommergarten*. Ohne sie würden viele Nutzpflanzen keine Früchte tragen. Besonders abgesehen haben es die *willkommenen Nützlinge* auf einfache, also ungefüllte *Blüten*, deren Nektar sie leicht erreichen können.

Ein reich gedeckter Tisch

- Zwicken Sie welke Blüten regelmäßig ab, um die Blütezeit Ihrer Pflanzen zu verlängern. Bienen und Schmetterlinge werden es Ihnen danken.
- Wässern Sie Blütenpflanzen bei Trockenheit gut. Durstige Pflanzen blühen schlecht.

Notizen ....

....

....

....

....

Angeflogen wurden: ....

....

....

....

....

Ringelblume

Sonnenhut

Sommerflieder

Nektarreiche Pflanzen

Auffällig und einfach

Bienen und Schmetterlinge fliegen auf leuchtende Farben und einfache, ungefüllte Blüten, deren Nektar sie leicht naschen können. Allerdings haben Bienen nur einen kurzen Saugrüssel und bevorzugen weit geöffnete oder trompetenförmige Blüten wie Fingerhut, in die sie kriechen können. Schmetterlinge haben dagegen einen langen Rüssel. Für sie sind kleine, tiefere Blüten wie von Sommerflieder, auch Schmetterlingsstrauch genannt, kein Problem. Doch es gibt noch etliche andere Bienen- und Schmetterlingsweiden.

Sommerblumen

Hohe Studentenblume (*Tagetes erecta*) • Kornblume (*Centaurea cyanus*) • Fiederblättriges Schmuckkörbchen (*Cosmos bipinnatus*) • Spiegeleierpflanze (*Limnanthes douglasii*) • Garten-Ringelblume (*Calendula officinalis*)

Stauden

Scharlach-Indianernessel (*Monarda didyma*) • Pfirsichblättrige Glockenblume (*Campanula persicifolia*) • Großer Schuppenkopf (*Cephalaria gigantea*) • Ruthenische Kugeldistel (*Echinops ritro*) • Berg-Flockenblume (*Centaurea montana*) • Roter Scheinsonnenhut (*Echinacea purpurea*) • Thymian (*Thymus vulgaris*) • Eisenkraut (*Verbena bonariensis*)

Sträucher

Sommerflieder (*Buddleja davidii*) • Caryopteris × *clandonensis* • Besenheide (*Calluna vulgaris*) • Echter Lavendel (*Lavandula angustifolia*) • *Mahonia aquifolium* • *Spiraea japonica*

Zusatznahrung

Bei schlechtem Wetter oder wenn wenig blüht, kann man Bienen und Schmetterlingen Gutes tun, indem man ihnen Zuckerlösung in einer Schale anbietet. Wichtig: Schwimmhilfen in die Schale legen!

....

....

....

....

Samen sammeln

Sie möchten Ihre Lieblingspflanzen Jahr für Jahr aufs Neue im Garten sehen? Dann sammeln Sie die Samen dafür doch selbst! Auch bei einem Besuch in anderen Gärten kann man das eine oder andere Samenkorn getrost mitgehen lassen.

Sammeln

Ob Samen schon gesammelt werden können, lässt sich prüfen, indem man Samenstände und Hülsen leicht schüttelt. Sind die Samen reif, fallen sie heraus. Nicht geerntet werden sollten unreife Samen, da sie nicht keimen.

Jede Pflanze hat ihre eigenen Samen und Samenstände. Ein Patentrezept für das Sammeln gibt es nicht. Kleine Samenstände und Hülsen kann man in Papiertüten stecken und schütteln, bis die Körnchen herausfallen. Manche Hülsen müssen allerdings von Hand geöffnet werden. Große Samenstände teilt man in kleinere Stücke und befreit sie wie oben angegeben von ihren Samen. Gut etikettieren, um die Samen später zuordnen zu können!

Beeren

Manche Stauden wie die Übelriechende Schwertlilie (*Iris foetidissima*) bilden fleischige Beeren bzw. Früchte, die ausreifen müssen, bevor man die Samen herausholt. Die reifen Beeren werden dazu auf ein Küchentuch gelegt und zerdrückt. Dann entnimmt man die Samen. Entfernen Sie das Fruchtfleisch so weit wie möglich, legen Sie die Samen in ein Sieb und säubern Sie sie unter fließendem kalten Wasser von klebrigen Resten. Danach lässt man sie auf einem sauberen Tuch ein paar Tage trocknen und lagert sie bis zur Aussaat.

Samen lagern

Damit Samen während der Lagerung gesund bleiben und nach der Aussaat keine Krankheiten verbreiten, müssen sie gesäubert werden. Dazu siebt man sie, um Schmutz, Hülsenreste, Blüten- und Hochblätter zu entfernen, legt sie auf einem Küchentuch aus und lässt sie dort ein paar Stunden trocknen.

Gelagert werden Samen in Papiertütchen, auf die man den Pflanzennamen und das Datum des Einlagerns schreibt. Bis zum Aussäen legt man sie an einen kühlen, dunklen, trockenen Platz. Saatgut lässt sich auf diese Weise oft mehrere Jahre lagern.

Nützliche Tipps

- **Beim Bestäuben** durch Insekten entstehen oft natürliche Hybriden. Wenn man Saatgut einer bestimmten Sorte sammelt, können die daraus entstehenden Pflanzen anders aussehen als die Elternpflanze.

- **Auch Samen** von Bäumen und Sträuchern können gesammelt und gelagert werden. Die Keimung dauert aber oft Monate.

- **Gemüsesamen** lassen sich ebenfalls sammeln. Dazu muss man aber ein paar Exemplare Samen ansetzen lassen, anstatt sie abzuernten. Besonders einfach ist das Sammeln von Samen bei Pflanzen, die man wegen ihrer Früchte, Hülsen oder auch Samen selbst kultiviert.

- **Um Samen** einer ganz bestimmten Pflanze zu bekommen, stülpt man eine Papiertüte über ihre welkenden Blüten. Wenn die Samen dann reifen und abfallen, landen sie in der Tüte.

Neuer Schwung für Rabatten

Nach der *Hauptblütezeit* im *Sommer* sind *viele Pflanzen* nun über ihren Höhepunkt hinaus. Deshalb sehen Rabatten mitunter etwas müde aus. Doch es gibt Tricks, wie man sie noch einmal *in Schwung bringen* kann.

Notizen ....

....

....

....

Checkliste

- ☐ Verblühtes abzwicken
- ☐ Welkes Laub entfernen
- ☐ Hohe Stauden stützen
- ☐ Kletterpflanzen ausputzen
- ☐ Nackte Erde umgraben

....

....

Notizen ....

....

....

....

....

Fünf Tipps

1. Welke Blüten abschneiden

Die Blütezeit Ihrer Pflanzen ist bald um. Regen Sie sie zu neuer Blüte an, indem Sie verblühte Triebe abzwicken oder ausschneiden. Viele Stauden blühen oft noch einmal, wenn man sie bis auf gesunde Knospen zurückschneidet.

2. Einziehendes Laub entfernen

Sobald Einjährige und Stauden einzuziehen beginnen, schneiden Sie alle welken Triebe bis zum Ansatz zurück. Dann sieht die Pflanze wieder frisch aus und ist gut in Form. Halten Sie Ihre Rabatten sauber und frei von Pflanzenresten – so wirken sie gleich ein gutes Stück ansehnlicher.

3. Stützen aufstellen

Viele Einjährige und Stauden, allen voran Gräser, werden im Lauf des Sommers ziemlich hoch und neigen am Saisonende zum Umfallen. Ein paar zusätzliche Stützen halten sie aufrecht und ansehnlich, sei es auch nur für einige Wochen. Anschließend schneidet man sie zurück.

4. Kletterpflanzen auffrischen

Kletterpflanzen wie Clematis legen im Sommer ordentlich zu und wirken dann oft etwas zerzaust. Nehmen Sie überlange oder in die falsche Richtung wachsende Triebe weg und binden Sie die verbliebenen an die Stütze.

5. Nackte Erde herausputzen

Wenn Pflanzen einziehen, wird die nackte Erde sichtbar, was oft unschön aussieht. Lockern Sie den Boden mit der Grabgabel und entfernen Sie Unkraut und Pflanzenreste.

Stecklingsvermehrung

Die Vermehrung von Pflanzen mit Stecklingen macht Spaß und kostet nichts. Mit den frisch herangezogenen Setzlingen kann man nicht winterharte Arten überwintern, falls der Platz fehlt, um ein stattlicheres Exemplar unterzubringen.

Sträucher

Viele winterharte Sträucher lassen sich durch sogenannte halbreife Stecklinge im Sommer vermehren. Dazu nimmt man frische Triebe, die am Ansatz gerade zu verholzen beginnen.

Stecklinge schneiden

Nehmen Sie von einem Strauch gesunde, diesjährige Abriss- oder Knotenstecklinge. Abrissstecklinge bzw. Risslinge sind 5–7 cm lange Triebe, die vorsichtig nach unten vom Zweig abgezogen werden, sodass ein Stück Borke an ihnen hängen bleibt. Dieses Stück enthält Hormone, die das Bewurzeln fördern. Knotenstecklinge sind 10–15 cm lange Triebe, die knapp unterhalb einer Blattachsel abgeschnitten werden.

Eintopfen

Anschließend werden bei beiden Stecklingstypen die Spitzen und untersten Blätter entfernt. Die Basis taucht man in Bewurzelungshormon. Topfen Sie die Stecklinge nun in Gefäße mit feuchter, kiesiger Erde ein und decken Sie sie mit einer durchsichtigen Plastiktüte ab, um ein feuchtes Milieu zu schaffen. Die Töpfe kann man in ein Frühbeet stellen oder draußen an einem geschützten Platz ohne direkte Sonne platzieren. Sie müssen regelmäßig in Augenschein genommen werden. Abgefallenes Laub oder faulende Stecklinge entfernt man. Bis zum Herbst sollten die Stecklinge Wurzeln gebildet haben und können dann in Einzeltöpfe umgesetzt werden.

Überwintern

Falls Sie nicht gerade ein geräumiges, im Winter frostfreies Gewächshaus oder einen großzügigen Wintergarten haben, wird Ihnen die Überwinterung vieler großer, nicht winterharter Pflanzen, z. B. Margeriten, Schwierigkeiten bereiten. Statt sie erfrieren zu lassen oder zu entsorgen, kann man von ihnen Stecklinge nehmen und auf einer hellen Fensterbank einwurzeln lassen. Im Frühjahr topft man sie dann um und pflanzt sie im Sommer nach draußen.

Nützliche Tipps

- **Nehmen Sie** Stecklinge von nicht blühenden Trieben, da diese einfacher einwurzeln als Blütentriebe. Hat ein Trieb Blüten, zwickt man sie am besten ab.

- **Schneiden Sie** Stecklinge am Morgen, wenn das Pflanzengewebe noch voller Saft ist. Welke Triebe wurzeln schwer ein.

- **Große Blätter**, etwa von Hortensien, sollten um ein Drittel verkleinert werden, damit der Steckling über sein Laub nicht zu viel Wasser verliert, während er einwurzelt.

- **Ob ein Steckling** eingewurzelt ist, prüft man, indem man vorsichtig an ihm zieht. Spürt man Widerstand, bilden sich vermutlich gerade Wurzeln. Auch frische Triebe sind ein Zeichen dafür, dass ein Steckling eingewurzelt ist.

Schutz vor Schädlingen

Schädlinge verderben die Ernte von *Obst und Gemüse* und das Aussehen von Zierpflanzen. Keine *Pflanze* ist völlig vor ihnen sicher. Zwar kann man gegen die meisten etwas tun, doch besser lässt man es gar nicht erst zu, dass sie sich ausbreiten.

Notizen ....

....

....

....

....

Viele lauern unter den Blättern.

Marienkäfer sind Verbündete.

Abdeckungen halten sie fern.

Sechs Schritte zum Erfolg

1. Regelmäßig kontrollieren
Überprüfen Sie Zier- und Nutzpflanzen regelmäßig auf Schädlingsbefall. Was Sie entdecken, wird abgelesen oder weggespritzt. Notieren Sie, welche Pflanzen häufiger befallen werden, und kontrollieren Sie sie öfter.

2. Natürliche Feinde
Locken Sie natürliche Feinde der Schädlinge in den Garten, etwa Marienkäfer und Schwebfliegen (*siehe S. 58–59*). Kultivieren Sie außerdem Pflanzen, die Nützlinge anlocken. Pestizide sind tabu – sie machen auch Nützlingen den Garaus.

3. Netze
Mit feinen Netzen schützt man reifendes Obst und Gemüse vor hungrigen Vögeln und Wespen. Die Netze verhindern z. B., dass sich Tauben über Kohl hermachen.

4. Ablenkung
Ziehen Sie Pflanzen, die Schädlinge von Nutz- und Zierpflanzen weglocken. Blattläuse und Weiße Fliegen lieben z. B. Kapuzinerkresse und lassen dafür sogar Obst und Gemüse stehen.

5. Gesunde Pflanzen
Wer Pflanzen gesund hält, wehrt damit zwar keine Schädlinge ab, hilft den Gewächsen aber, einen Befall zu überstehen und sich rascher zu erholen. Deshalb schneidet man Gehölze regelmäßig, mulcht Beete und Rabatten und wässert Pflanzungen bei Trockenheit gut.

6. Weg mit Unrat
Halten Sie Ihren Garten frei von Pflanzenresten, die ein ideales Versteck für Schädlinge sind. Das häufige Zusammenharken von Laub und Abschneiden verwelkter Teile hilft schon viel.

Studentenblumen lenken ab.

Gesunde Pflanzen sind unempfindlich.

Beseitigen Sie Schädlingsverstecke.

Meine schönsten
Blüten im Garten

Blütenpflanzen gibt es in allen erdenklichen *Formen*, Größen und Farben. Manche machen durch eine *große Show*, andere eher durch verhaltenen *Charme* auf sich aufmerksam. Überlegen Sie sich: Was gefällt mir eigentlich an meinen *Lieblingspflanzen?*

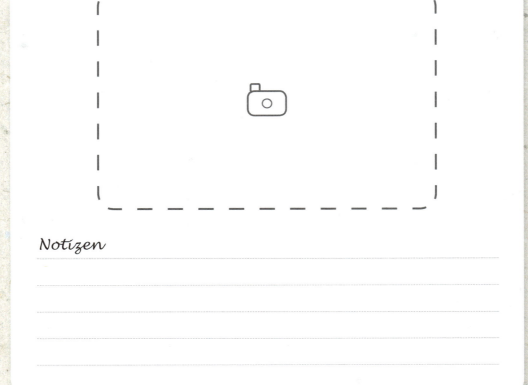

Notizen

Saisonhöhepunkte

Im Garten tut sich im Lauf einer Saison viel Schönes auf. Da ist es eher unwahrscheinlich, dass nur eine einzige Pflanze Ihr Favorit ist. Vielleicht haben Sie ja für jede Jahreszeit Ihre Lieblinge. Notieren Sie, welche Blütenpflanzen Ihnen am besten gefallen haben – und pflanzen Sie im nächsten Jahr mehr davon.

Geschmackswandel

Ihr Geschmack kann sich im Lauf der Zeit verändern. Verlieren Stauden und Sträucher Ihre Gunst, geben Sie ihnen noch eine Saison lang eine Chance und sehen Sie sich dann nach Alternativen um. Man muss nichts behalten, was einem nicht gefällt.

Pflanzen,
die ich haben möchte

Wer *Pflanzen* mag, ist immer wieder versucht, sich neue Arten und Sorten in den Garten zu holen – etwa *Schönheiten*, die er in anderen Gärten oder *auf Reisen* sieht. Notieren Sie sich die Namen oder machen Sie ein Foto und *fragen Sie* im Fachhandel nach ihnen.

Pflanzen gratis

Wenn Sie in einem Garten eine Pflanze gesehen haben, die Ihnen gefällt, können Sie eventuell Samen (*siehe S. 72–73*) oder Stecklinge (*siehe S. 76–77*) davon nehmen. Um sich Enttäuschungen zu ersparen, sollten Sie sicher sein, dass Sie ihnen die passenden Bedingungen bieten können.

Notizen

Notizen

Herbst

Wenn die *Tage kürzer* und die Nächte kühler werden, strotzt der Garten förmlich vor *köstlichen Früchten* und dekorativen Beeren. Das Laub sommergrüner Gehölze wird zwar bald abfallen, vorher aber noch einmal in vielen Fällen *eine große Show* abziehen. Es gibt nun eine ganze Menge zu tun: Etliche *Köstlichkeiten* müssen geerntet werden, gleichzeitig gilt es den Garten *für den Winter* vorzubereiten.

Frühherbst

Die warme *Jahreszeit* neigt sich dem Ende zu. Nutzen Sie die letzten milden *Tage* im Garten. *Blüten* mögen nun selten sein, dafür bietet das Herbstlaub ein *Farbspektakel* der Superlative.

Das ist zu tun

Chilischoten trocknen

Wer reiche Chili-Ernte eingefahren hat, trocknet die Schoten an einem gut durchlüfteten Platz auf einem Rost oder hängt sie an einer Schnur aufgereiht zum Trocknen auf.

Frühlingszwiebelblumen

Die meisten Frühlingszwiebelblumen kauft und pflanzt man, sobald sie im Handel erhältlich sind. Dann hat man die größte Auswahl und bekommt die besten Exemplare.

Stauden teilen

Ältere Stauden verlieren ihre Wuchskraft, wenn Wurzeln und Triebe zu dicht werden. Man nimmt sie auf, teilt sie und pflanzt nur die gesündesten Teile wieder ein.

Gehölze in Töpfen

Wer Gefäße mit Bäumen und Sträuchern bepflanzen will, sollte es jetzt tun, so haben die Gehölze Zeit, bis zum Frühjahr einzuwurzeln. Sie brauchen toniges Substrat und gute Dränage.

Rasen pflegen

Wirkt der Rasen ausgelaugt und abgenutzt? Zeit, ihn aufzufrischen. Harken Sie Moos heraus, entfernen Sie Unkraut und belüften Sie den Boden. Ebenfalls ratsam: ein abschließendes Topdressing.

Notizen

Farbe in Rabatten bringen

Die Zeit der *Beete und Rabatten* im Garten neigt sich dem Ende entgegen. Wenn Stauden einziehen und Sträucher ihr Laub verlieren, tun sich unweigerlich *Lücken* auf. Doch man kann noch einmal ein letztes *Farbenfeuerwerk* entzünden.

1. Blumen in Töpfen

Wer noch Pflanzen in Töpfen herumstehen hat, kann Rabatten damit noch etwas Farbe geben. Man stellt sie so zwischen Einjährige und Stauden, dass nur die Pflanzen, nicht aber die Gefäße zu sehen sind. Selbst größere Zimmerpflanzen kann man auf diese Weise ein paar letzte Wochen lang zum Aufhübschen von Rabatten nutzen.

2. Herbststauden pflanzen

Kaufen Sie als Farbgeber spät blühende Stauden wie Astern oder Herbstschönheiten wie Stiefmütterchen. Sie müssen gut gewässert und ausgeputzt werden, damit sie möglichst lang blühen.

3. Neue Bäume

Im Herbst können Sie neue Bäume, Sträucher und Stauden pflanzen. Haben Sie Exemplare mit Topfballen gekauft, können Sie damit ein paar Wochen lang Lücken füllen, bevor Sie die Neuerwerbung an den vorgesehenen Standort pflanzen. Aber gutes Wässern nicht vergessen!

4. Samenstände

Viele Pflanzen, allen voran Gräser, bilden dekorative Samenstände, die bis in den Winter hinein halten. Wer viele hat, kann einige abschneiden und zwischen Rabattenpflanzen in das Erdreich oder auch in Töpfe mit Substrat stecken.

Notizen ....

....

....

....

....

Rabatten mit Samenständen in Töpfen

Frühlingszwiebelblumen

Zwiebelblumen sind *typische Frühlingsboten*, werden aber meist im Herbst gepflanzt. Die Auswahl ist enorm, doch um *Enttäuschungen* zu vermeiden, sollte man sich die besten Zwiebeln herauspicken und sie korrekt *einpflanzen*.

Jetzt pflanzen

- ☐ Krokusse *(Crocus)*
- ☐ Narzissen *(Narcissus)*
- ☐ Blauer Schneeglanz *(Chionodoxa forbesii)*
- ☐ Armenische Traubenhyazinthe *(Muscari armeniacum)*
- ☐ Hyazinthe *(Hyacinthus orientalis)*
- ☐ Kleine Netzblatt-Iris *(Iris reticulata)*
- ☐ Sibirischer Blaustern *(Scilla siberica)*
- ☐ Kegelblume *(Puschkinia scilloides)*
- ☐ Tulpen *(Tulipa)*
- ☐ Kleiner Winterling *(Eranthis hyemalis)*
- ☐ Balkan-Windröschen *(Anemone blanda)*

Notizen ....
....
....
....
....
....
....
....
....

Krokus

Auswahl und Pflanzung

Zwiebelkauf

Kaufen Sie Blumenzwiebeln, sobald sie erhältlich sind. So ist sicher, dass Sie auch wirklich frische, gesunde Ware bekommen. Da Zwiebeln schon getrocknet verkauft werden, bekommt man, falls man zu lange wartet, nur noch ausgetrocknete oder austreibende Ladenhüter.

Bei der Wahl meidet man zu kleine Exemplare und nimmt nur feste Zwiebeln, die weder schimmeln, verletzt sind oder austreiben. Mit Ausnahme von Tulpenzwiebeln (*siehe unten*) pflanzt man sie am besten gleich nach dem Kauf.

Pflanzung in Rabatten

Blumenzwiebeln bevorzugen durchlässige Böden. Arbeiten Sie deshalb in schwere Erde groben Sand oder Kies ein. Am besten wirken die Blüten, wenn man die Zwiebeln in Gruppen oder Kolonien pflanzt. Faustregel für die Pflanztiefe: Die Zwiebeln sollten um das Doppelte ihrer Höhe mit Erde bedeckt sein – eine 7 cm hohe Zwiebel also ca. 14 cm hoch.

Zwiebeln in Töpfen

Bei der Auswahl von Gefäßen für Blumenzwiebeln achtet man auf guten Wasserabzug. Zudem sollten die Töpfe so groß sein, dass man die Zwiebeln in der notwendigen Tiefe plus ausreichend Platz für die Wurzeln setzen kann.

Arrangements aus einer Mischung verschiedener Blumenzwiebeln blühen länger als solche mit nur einer einzigen Art. Beim Bepflanzen werden die Gefäße nach und nach mit Substrat gefüllt, wobei man die Zwiebeln je nach erforderlicher Pflanztiefe in mehreren Schichten arrangiert. Ganz oben können Beetpflanzen hinzugefügt werden – die Zwiebeln wachsen durch sie hindurch.

Auswilderung in Rasen

Narzissen, Tulpen und Fritillarien sind in Rasenflächen am besten aufgehoben. Hier können sie auswildern und Kolonien bilden. Größere Exemplare setzt man einzeln mit einem Zwiebelstecher, kleine pflanzt man, indem man mit dem Spaten eine Rasensode aufhebt, die Zwiebeln auf der Erde drapiert und die Sode zurücklegt. Nach dem Pflanzen wird der Rasen gut gewässert, damit man die Pflanzstellen nicht mehr sieht.

Tulpen

Tulpen sind anfällig für *Tulpenfeuer*, eine für sie tödliche Pilzkrankheit. Gegenmittel gibt es nicht, doch man verringert das Befallsrisiko, wenn man die Zwiebeln im Spätherbst pflanzt. Wer die Zwiebeln schon früh gekauft hat, kann sie an einem kühlen, trockenen, gut durchlüfteten Platz problemlos eine Weile lagern.

Narzisse

Tulpe

Gartengestaltung
ohne Pflanzen

Beim Anlegen von Gärten geht es nicht nur um *Pflanzen*, sondern generell darum, einen schönen *Lebensraum* zu schaffen. Dazu gehören *bauliche Elemente* ebenso wie Deko-Objekte. Gestalten Sie sie gern selbst? Dann präsentieren Sie Ihre schönsten *Kreationen* im Garten.

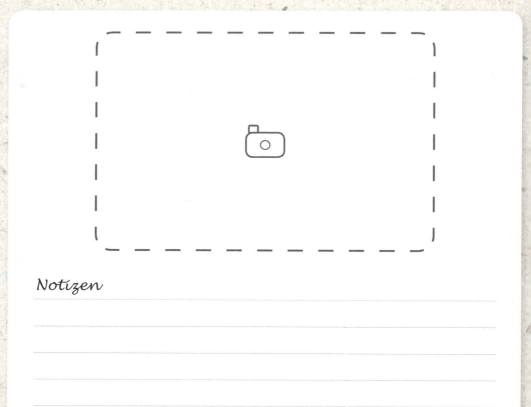

Notizen

Gestaltungsideen

Etwas Eigenes für den Garten zu fertigen macht viel Spaß, vor allem, wenn einem etwas sehr Persönliches und Originelles gelingt. Machen Sie ruhig Fotos davon, damit Sie immer eine Erinnerung an Ihre kreativen Leistungen haben.

Praktische Lösungen

Kreativität ist oft auch gefragt, wenn es darum geht, praktische Lösungen zu finden, etwa einen Sichtschutz, der Unansehnliches kaschiert, oder eine sichere Spielecke für Kinder. Auf gute Ideen dürfen Sie mit Recht stolz sein!

Gärten von Freunden

Andere Gärten sind eine exzellente Quelle der *Inspiration* und liefern *viele Anregungen*. Vielleicht finden Sie dort Pflanzen, die auch Ihnen zusagen, etwa eine besonders *interessante Sorte*. Was gefällt Ihnen beim *Blick* in fremde Gärten besonders?

Pflanzen-
namen

Mein Lieblingsfoto

Vollherbst

Noch immer gibt es im Garten viel zu tun: Es gilt Beete und Rabatten von *vergangener Sommerpracht* freizuräumen und Vorbereitungen für den *Winter* zu treffen.

Das ist zu tun

Laub harken
Abgefallenes Herbstlaub kann andere Pflanzen und Rasen ersticken und ist ein Krankheitsherd. Man harkt es zusammen und wirft es auf den Kompost oder macht Laubhumus daraus.

Notizen

Leere Beete vorbereiten
Nachdem die Beete leer sind, bereitet man sie für das nächste Frühjahr vor. Man gräbt sie um, jätet sie und arbeitet etwas gut verrotteten Gartenkompost oder Stallmist ein.

Samenstände ernten
Viele Pflanzen, allen voran Stauden und Gräser, bilden nach der Blüte hübsche Samenstände, die getrocknet mehrere Monate halten und sich auch gut für Vasen und Gestecke eignen.

Tiere anlocken
Lassen Sie ein kleines Stück Garten unaufgeräumt, damit Tiere dort Unterschlupf finden *(siehe S. 142–143)*. Insekten brauchen hohle Stängel und Stämme zum Überwintern.

Zwiebeln aufnehmen
Nicht winterharte Zwiebeln und Knollen, etwa von Gladiolen und Dahlien, holt man aus der Erde. Alte Blätter und Triebe und Erde entfernen und drinnen an einem frostfreien Platz lagern.

Vorräte anlegen

Wer eigenes *Obst und Gemüse* in größeren Mengen zieht, *erntet* meist mehr, als er *auf einmal essen* kann. Es gibt zum Glück genügend Möglichkeiten, *überreiche Früchte und Gemüse* haltbar zu machen und zu lagern, um sie *in den nächsten Monaten* zu genießen.

Eingelegtes und Eingekochtes ....

....

....

Methoden

Einfrieren von Gemüse

Mit Ausnahme von Wurzelgemüse bleibt das meiste Gemüse im Tiefkühlfach rund 3 Monate lang haltbar. Erbsen müssen aus den Hülsen gelöst, Bohnen geschnitten werden. Dann friert man die Stücke auf einem Tablett verteilt ein. Sobald sie gefroren sind, portioniert man sie in Beuteln und verstaut sie in der Gefriertruhe.

Bis zu 6 Monate lang hält Gemüse, wenn man es vor dem Einfrieren zusätzlich 2–4 Minuten in kochendem Wasser blanchiert – das bewahrt Geschmack, Konsistenz und Farbe.

Wurzelgemüse lässt sich roh nicht gut einfrieren. Man muss es schon als fertig zubereitete Speisen wie Eintöpfe oder Suppe frosten. In diesem Zustand ist es 3 Monate lang haltbar.

Einfrieren von Obst

Mit Ausnahme von Erdbeeren kann man Beeren konservieren, indem man sie zunächst locker auf einem Teller ausgebreitet einfriert und anschließend in Beutel gefüllt in die Kühltruhe steckt. Sie halten dort bis zu 6 Monaten. Kirschen und Pflaumen entsteint man vorher.

Erdbeeren lassen sich roh schlecht einfrieren und werden am besten in Form von Püree oder Desserts tiefgekühlt. Haltbarkeit: 6 Monate.

Lufttrocknen

Viele Gemüsesorten halten monatelang, wenn man sie kühl, frostfrei und luftig lagert. Erbsen, Bohnen und Chilis sollten völlig trocken sein, Zwiebeln, Schalotten, Knoblauch und Winterkürbisse werden nur so weit getrocknet, dass die Schalen hart sind.

Einlegen und Einmachen

Eine traditionelle Methode der Haltbarmachung ist das Einlegen in Salzlake oder Essig. Auf diese Weise kann man verschiedenste Gemüsesorten konservieren, etwa Zwiebeln, Rote Bete, Gurken, Rosenkohl, Karotten und Bohnen. Stellen Sie die Gläser kühl und dunkel. Sie halten etwa ein Jahr.

Ebenso traditionell ist das Einkochen von Obst. Aus den meisten Früchten lässt sich Marmelade machen. Die Gläser sind ein ideales Geschenk, das – kleiner Nebeneffekt! – obendrein ihr gärtnerisches und kulinarisches Geschick beweist.

Lufttrocknen ....

....

....

Einfrieren ....

....

....

....

Wasser sparen

Wenn Zier- und Nutzpflanzen gesund bleiben sollen, brauchen sie viel Wasser, vor allem im Sommer. Leitungswasser ist nicht immer ideal zum Gießen. Sparen Sie Wasser, indem Sie den Verlust von Bodenfeuchtigkeit verringern und Regenwasser sammeln.

Bodenfeuchtigkeit

Wer verhindert, dass der Gartenboden zu rasch Feuchtigkeit verliert, braucht weniger zu gießen. Die Erde hält das Wasser besser, wenn man im Frühjahr reichlich gut verrottete organische Substanz einarbeitet, die wie ein Schwamm wirkt.

Das Abdecken des Erdreichs verringert die Verdunstung von Bodenwasser. In Ziergärten erreicht man das durch Pflanzung immergrüner Bodendecker, dichten Bewuchs und jährliches Ausbringen von Rindenmulch. Im Gemüsebeet kann man ebenfalls dicht pflanzen und nackte Erde überdies mit Plastikfolie abdecken.

Wasser sparen

Es gibt viele Möglichkeiten, den Wasserverbrauch zu senken oder Wasser effizienter einzusetzen. Wässern Sie Ihre Pflanzen morgens, wenn die Flüssigkeit gut aufgenommen wird. Man sollte nur auf den Wurzelraum gießen, damit das Wasser direkt zu den Wurzeln sickert. Funktionieren Sie alte Plastikflaschen zu Trichtern um und versenken Sie sie neben den Pflanzen so in der Erde, dass sie das Wasser punktgenau zu den Wurzeln leiten.

Bewässerungssysteme wie Sickerschläuche sind effizienter als das Wässern von Hand und möglicherweise eine gute Investition. Sie müssen jedoch an einen Wasserhahn angeschlossen werden. Wer einen eigenen Brauchwasserkreislauf hat, kann sein Gießwasser von dort holen.

Auch mit Pflanzen selbst kann man Wasser sparen: Wählen Sie Arten, die mit wenig auskommen. Vielleicht können Sie ja sogar eine Rasenfläche durch Kies oder ein Holzdeck ersetzen.

Wasser auffangen

Je mehr Regenwasser Sie sammeln, desto weniger Leitungswasser brauchen Sie zum Gießen. Das Wasser aus Dachrinnen lässt sich in ein Regenfass oder einen Tank leiten. Mitunter lohnt sich auch das Aufstellen mehrerer Wasserspeicher.

Nützliche Tipps

- **Wässern Sie nur** Pflanzen, die auch tatsächlich Flüssigkeit brauchen – manche sind durstiger als andere. Rasen braucht selbst bei Trockenheit nicht gegossen zu werden, denn er erholt sich bei Regen wieder.

- **Häufen Sie** einen Ringdamm um den Wurzelhals durstiger Pflanzen auf. Er bildet ein Reservoir, das beim Gießen gefüllt wird.

- **Vor dem Mulchen** wässert man das Erdreich gründlich, damit die Feuchtigkeit »eingesperrt« wird. Die Mulchschicht sollte mindestens 10 cm dick sein.

- **In Blumenbeeten** kann man den Boden nach dem Wässern mit Folie abdecken und die Folie anschließend mit Rindenmulch kaschieren.

- **Unkraut braucht** ebenfalls Wasser. Halten Sie Ihre Gemüse- und Zierbeete unkrautfrei.

Blumen trocknen

Sie möchten Ihre *Gartenlieblinge* etwas länger behalten? Wer Blumen trocknet, kann sich auch dann noch an ihnen erfreuen, wenn im Garten *tristes Wintergrau* vorherrscht. Viele Blüten, Samenstände und Schoten eignen sich zum Trocknen. Aus ihnen lassen sich *ansprechende Gestecke* und Geschenke zaubern.

Notizen ....

....

....

....

....

....

....

....

Nützliche Tipps

- Trocknen Sie Ihre Blumen nicht in der prallen Sonne, sonst bleichen sie aus.

- Getrocknete Blüten und Gräser halten monate-, Samenstände sogar jahrelang.

Schleierkraut *(Gypsophila paniculata)*
Garten-Strohblume *(Xerochrysum bracteatum)*
Rainfarn *(Tanacetum vulgare)*
Rosen *(Rosa)*
Strandflieder *(Limonium sinuatum)*
Acker-Rittersporn *(Delphinium consolida)*

Schneiden und Trocknen

Schneiden Sie immer bei schönem Wetter, damit die Pflanzen völlig trocken sind. Sie werden in kleine Bündel aufgeteilt, mit Gummibändern zusammengebunden und kopfüber an einen warmen, dunklen, gut durchlüfteten Platz gehängt. Die meisten Blumen sind nach 2 Wochen trocken – ihre Blüten müssen sich fest anfühlen.

Einjährige

❦ Samenstände
Garten-Fuchsschwanz *(Amaranthus caudatus)*
Jungfer im Grünen *(Nigella damascena)*
✿ Blüten
Papierknöpfchen *(Ammobium alatum)*
Kornblume *(Centaurea cyanus)*
Acker-Rittersporn *(Delphinium consolida)*
Garten-Strohblume *(Xerochrysum bracteatum)*

Stauden

❦ Samenstände
Wilde Artischocke *(Cynara cardunculus)*
Blasenkirsche *(Physalis alkekengi)*
✿ Blüten
Silberimmortelle *(Anaphalis margaritacea)*
Ruthenische Kugeldistel *(Echinops ritro)*
Schleierkraut *(Gypsophila paniculata)*
Nepal-Kardendistel *(Morina longifolia)*

Gräser

❦ Samenstände
Mittleres Zittergras *(Briza media)*
Hasenschwanzgras *(Lagurus ovatus)*
Mähnen-Gerste *(Hordeum jubatum)*
Silber-Chinaschilf *(Miscanthus sinensis)*

Sträucher

❦ Samenstände
Strauchiges Brandkraut *(Phlomis fruticosa)*
Rispen-Hortensie *(Hydrangea paniculata)*
✿ Blüten
Echter Lavendel *(Lavandula angustifolia)*
Teehybriden *(Rosa)*
Graues Heiligenkraut *(Santolina chamaecyparissus)*

Wildtiere
im Garten

Wildtiere im Garten zu beobachten wird *nie langweilig* – man kann ihnen stundenlang zusehen. Ein besonderes Erlebnis ist es, seltene *Besucher* zu entdecken. Selbst wenn Sie nicht *jeden Gast* bestimmen können, sollten Sie sich Listen machen oder Fotos schießen. Mit der Zeit lernen Sie immer *mehr Arten* kennen.

Einladung

Wildtiere lockt man am ehesten in seinen Garten, indem man ihnen ihren bevorzugten Lebensraum bietet (*siehe S. 142–143*). Doch oft sind sie auch mit weniger zufrieden. Amphibien zum Beispiel verbringen viel Zeit in Teichen, statten aber auch Gärten einen Besuch ab, in denen sie Nahrung und kühle, feuchte Ecken finden.

Notizen

Das habe ich in meinem Garten entdeckt:

Meine Lieblingspflanzen im Garten

Natürlich ziehen Sie in Ihrem Garten nur, was Ihnen *gefällt*. Trotzdem haben Sie sicher Ihre persönlichen Favoriten, etwa eine *Palme* mit *architektonischer Form* oder einen eleganten Farn in einer Ecke. Welche Pflanzen bedeuten Ihnen *am meisten*, und warum?

*Pflanzen-
namen*

Spätherbst

Der *Winter* lauert schon hinter der nächsten Ecke. Viel Zeit, die letzten *Gartenarbeiten* zu erledigen, ist nicht mehr. Oberste Priorität hat nun, *Empfindliches* zu schützen.

Das ist zu tun

Tulpenzwiebeln setzen

Bis Anfang November können Sie noch Tulpenzwiebeln pflanzen. So verhindert man, dass sie am *Tulpenfeuer* erkranken. Sie können in Rabatten oder Töpfe gepflanzt werden.

Notizen

Glashäuser isolieren

Damit Gewächshäuser frostfrei bleiben, muss man sie mit Luftpolsterfolie isolieren. An Aluminiumgerüsten befestigt man sie mit speziellen Clips, an hölzernen mit Reißzwecken.

Teichpflanzen

Nicht winterharte Wasserpflanzen siedelt man jetzt um. Seerosen und andere in Containern wachsende Teichpflanzen in die frostfreien Tiefenzone des Teichs umsiedeln.

Obstbäume schützen

Viele Obstbäume werden von Frostspannerraupen befallen. Umwickeln der Stämme mit Leimringen verhindert, dass die flugunfähigen Weibchen in die Krone krabbeln und dort Eier ablegen.

Baumkrebs entfernen

Apfel- und Birnbäume entwickeln oft Stellen mit abgestorbener, eingefallener Borke. Dieser sogenannte »Baumkrebs« muss durch einen Rückschnitt bis ins gesunde Holz entfernt werden.

Kräuter trocknen

Das *Trocknen* ist eine schnelle, unkomplizierte Angelegenheit. Es *bewahrt* den typischen *Geschmack und Duft* selbstgezogener Kräuter noch besser als das Einfrieren, denn es konzentriert ihre essenziellen Öle. Getrocknete *Kräuter* halten bei guter *Lagerung* bis zu einem Jahr.

Notizen ....
....
....
....

Blätter trocknen

Basteln Sie sich zuerst ein einfaches Trockengestell aus Holz, z. B. einen alten Bilderrahmen, in den ein Stück alte Gardine oder dünne Baumwolle gespannt wird. Nun zupft man die Blätter von den Trieben und verteilt sie gleichmäßig auf dem Stoff, sodass sie sich nicht berühren. Legen Sie den Rahmen in einen warmen, dunklen, gut durchlüfteten Raum.

Sobald die Blätter brüchig sind, kommen sie in dunkelwandige Gläser mit Schraubverschluss.

◊ *Geeignet für:* Oregano, Basilikum, Minze, Zitronenmelisse, Thymian und Salbei.

Blüten trocknen

Damit Blüten Farbe, Geschmack und Duft behalten, pflückt man sie, kurz bevor sie ganz geöffnet sind, und trocknet sie im Dunkeln. Sie werden wie Blätter getrocknet (*siehe links*) und anschließend in luftdicht verschließbaren Gläsern aus dunklem Glas aufbewahrt. Kräuterblüten kann man auch bündelweise trocknen, indem man sie kopfüber an einen warmen, dunklen, luftigen Platz hängt. Sie lassen sich für Arrangements, Potpourris und Kräutersäckchen verwenden.

✿ *Geeignet für:* Kamille, Kornblumen, Lavendel und Rosen.

Samen trocknen

Klopfen Sie an die Stängel der Samenstände. Fallen die Samen heraus, sind sie erntereif. Geerntet wird, indem man die Samen in Papiersäckchen oder in mit Papier ausgeschlagene Schachteln schüttelt. Auf Küchenpapier lässt man sie ein paar Stunden trocknen und entfernt Pflanzenreste, etwa Laub, Hochblätter und Stiele.

Die Samen kann man in Papiertütchen oder luftdicht verschließbaren Gläsern lagern. Beschriften nicht vergessen!

● *Gelagert werden können:* Kümmel, Koriander, Kreuzkümmel, Dill und Fenchel.

Nützliche Tipps

- Damit Kräuter ihren typischen Duft bewahren, trocknet und lagert man jede Art einzeln.

- Nach dem Trocknen können Kräuter zu individuellen Mischungen kombiniert und so gelagert werden.

- Sind an gelagerten Kräutern Anzeichen von Fäulnis oder Schimmel erkennbar, wirft man den ganzen Posten weg.

Winterschutz

Die meisten heimischen Gartenpflanzen brauchen in unseren Breiten keinen Winterschutz. Wer allerdings Arten an der Grenze zur Winterhärte kultiviert, tut gut daran, sie im Winter vor strengen Frösten zu schützen.

Exoten

Kälteempfindliche Exoten brauchen Temperaturen von mindestens 5 °C, müssen also schon vor dem ersten Frost nach drinnen gebracht werden. Manche ziehen im Winter ein, etwa nicht winterharte Fuchsien, und können in frostfreien Schuppen und Garagen gelagert werden. Andere wachsen allerdings auch im Winter weiter, etwa Pelargonien, die man am besten auf einem warmen Fensterbrett, im Gewächshaus oder im Wintergarten platziert.

Wer keinen Platz zum Überwintern kälteempfindlicher Pflanzen hat, kann Stecklinge nehmen und als Ersatz heranziehen (siehe S. 76–77).
Kälteempfindlich: Engelstrompeten (*Brugmansia*) und Pelargonien (*Pelargonium*).

An der Grenze

Die tiefsten zu erwartenden Temperaturen unterscheiden sich von Region zu Region. Während an der Küste oder in Weinbaugegenden in der Regel ein milderes Winterklima herrscht und die Quecksilbersäule nur selten unter -15 °C fällt, kann es in rauen Mittelgebirgslagen deutlich kälter als -20 °C werden. Pflanzen, die in einer Gegend »fast« winterhart sind, kann man mit einer Abdeckung durchaus durch die kalte Jahreszeit bringen. Schützen Sie ihre Wurzeln mit einer dicken Mulchschicht aus Rindenschnipseln oder Stroh und binden Sie um die oberirdischen Triebe isolierendes Gartenvlies.
Pflanzen an der Grenze zur Winterhärte: Echter Lorbeer (*Laurus nobilis*), Scharlach-Fuchsie (*Fuchsia magellanica*).

Winternässe

Manche Pflanzen halten Tiefsttemperaturen aus, gehen im Winter aber trotzdem ein, weil ihnen der Boden zu nass ist. Sie werden am besten mit Abdeckungen geschützt.
Empfindlich gegen Winternässe: Hauswurz (*Sempervivum*), Lavendel (*Lavandula*), viele Alpinpflanzen.

Nützliche Tipps

- *Minigewächshäuser*, die man z. B. im Sommer für Tomaten verwendet, können im Winter zum Schutz nicht ganz winterharter Pflanzen eingesetzt werden.

- *Hohe Pflanzen* an der Grenze zur Winterhärte werden geschützt, indem man eine Manschette aus Maschendraht bildet, über die Pflanze stülpt und das Innere anschließend mit Stroh befüllt. Bedingt winterharte Palmen wie die Chinesische Hanfpalme kann man auch mit einem folienbespannten Lattengerüst als mobilem Gewächshaus vor strengem Frost bewahren.

- *Luftpolsterfolie* ist wie Gartenvlies ein guter Winterschutz, muss aber gelegentlich gelockert werden, damit die Pflanze nicht fault.

- *Achten Sie* auf Frostwarnungen und schützen Sie Ihre Pflanzen rechtzeitig.

Meine Gartenelemente

Dekorative Elemente sind *wichtiger Bestandteil* jedes Gartens. Je mehr Pflanzen im *Herbst* einziehen oder ihr Laub abwerfen, desto mehr *Bedeutung* bekommen sie. Daher ist der Herbst *eine gute Gelegenheit* Neues zu integrieren.

Notizen ....

....

....

....

Auswahl

Gefäße

Pflanzgefäße sind als Gartendekor fast unschlagbar und machen die Kultur von Pflanzen auch dort möglich, wo gar kein Erdreich vorhanden ist, etwa auf Terrassen oder Holzdecks. Die Auswahl an Töpfen ist riesig – für jeden Gartentyp gibt es die passenden Stile, Formen, Farben und Materialien. Große Gefäße eignen sich bestens als Blickfang und sind bepflanzt oder leer gleichermaßen wirkungsvoll.

Bei der Auswahl von Gefäßen, die langfristig an einem Platz stehen sollen, achtet man auf Frostfestigkeit. Werden sie bepflanzt, ist ausreichende Dränage wichtig.

Dekorative Hauptelemente

Große dekorative Objekte sind dauerhafte Gestaltungselemente eines Gartens und bilden Teil seines Gerüsts. Während das Pflanzenensemble sich im Lauf der Jahreszeiten verändert, bleiben sie immer gleich – umso wichtiger ist es, etwas Passendes zu wählen. Eine besondere Rolle spielen sie, wenn man sich für einen bestimmten Stil wie z. B. einen Bauerngarten entschieden hat. Ein Mix aus verschiedenen Stilelementen macht einen Garten unruhig und wirr, während die Beschränkung auf ein einziges Thema für ein einheitliches Aussehen sorgt.

Kleindekor

Damit sind kleinere Zierelemente, Gefäße oder interessante Objekte gemeint, die den Garten interessanter machen. Sie können auch kurzfristig integriert und öfters ausgetauscht werden.

Da sie nicht allzu groß und dominant sind, lässt sich mit ihnen der Gartenstil auf subtile Weise verändern oder betonen. Mit Kleindekor kann man gut experimentieren, neue Elemente ins Spiel bringen und sogar Eigenes entwerfen. Was nicht funktioniert, ist schnell wieder entfernt.

Nützliche Tipps

- Wer das Besondere sucht, kann Gebrauchtes durch Wiederverwertung »veredeln«. Suchen Sie im Wertstoffhof nach Nützlichem.
- In Kleingärten vergrößert ein einzelnes großes Element den beengten Raum optisch.

Meine Obsternte

Eigenes Obst zu ernten ist fast so schön, wie es zu essen. Allerdings kann der *Ertrag* je nach *Saison* mal höher, mal niedriger ausfallen. Schreiben Sie auf, wie sich die einzelnen *Sorten* entwickeln – dann sehen Sie, was funktioniert und was besser *ersetzt* wird.

Erträge erhöhen

- Schneiden Sie Obstbäume und -büsche richtig. Sie tragen dann reichlicher.
- Viele Obstgehölze brauchen einen »Bestäuber«, also einen zweiten Baum, in ihrer Nähe, um Früchte zu bilden. Sogar selbstbestäubende Sorten fruchten besser, wenn sie fremdbestäubt werden.

Erfolge:

Welcher Busch lieferte den besten Ertrag? ....

....

....

Welcher Baum trug am meisten Früchte?

....

....

..........a...

Süßer geht's nicht!

Welche Sorten fruchten am besten?

....

....

Was benötigt die wenigste Pflege?

....

....

Welche Sorten sind zu empfehlen?

....

Die beste Ernte seit Jahren

....

Welches Obst hat enttäuscht? ....

....

Welche Probleme haben sich ergeben? ....

....

Wie ich Tiere
in meinen Garten locke

Wildtiere lockt man am besten in den *Garten*, indem man ihnen *Nahrung* und optimalen Lebensraum bietet. Was hat *bei Ihnen* am besten funktoniert? Leben *Wildbienen* in Ihrem Garten? Mögen *Vögel* die Fettknödel? Notieren Sie, was Sie *empfehlen* können.

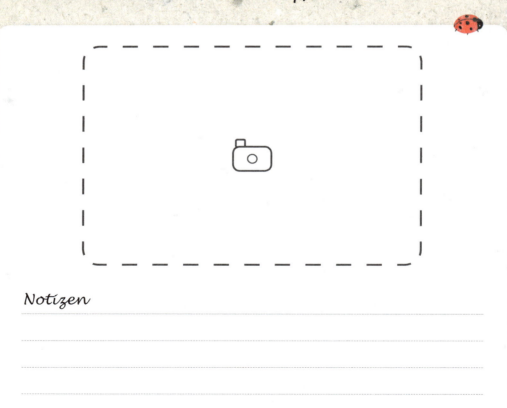

Notizen

Unwiderstehlich

Je mehr Sie Wildtiere anzulocken versuchen, desto mehr lernen Sie über ihr Verhalten. Tiere beachten keine Regeln – manchmal müssen Sie sich schon etwas einfallen lassen, um sie zu einem Besuch zu »überreden«. Halten Sie fest, was funktioniert und was nicht.

Bewährte Lockmittel:

Beste Ernte

Ganz gleich, ob Sie auf das *schmackhafteste* Obst und Gemüse oder die reichste *Ernte* hinarbeiten: Halten Sie fest, welche Sorten die *besten Erfolge* brachten. So sind weitere Spitzenernten im nächsten Jahr *vorprogrammiert*. Ebenfalls nützlich sind Erfahrungen von Freunden. Mit der Zeit kommt so ein enormer *Wissensschatz* zusammen.

Die richtige Wahl

Bei der Auswahl der optimalen Sorte sollten nicht nur Geschmack und Ertragshöhe eine Rolle spielen. Fast ebenso wichtig ist, wie rasch etwas reift und Platz macht für Neues. Von Vorteil sind auch Sorten, die wenig Pflege brauchen und damit Zeit und Mühe sparen.

Das baue ich wieder an

Notizen

Notizen

Winter

Frost, Schnee und konstant niedrige Temperaturen schicken den Garten in den *Winterschlaf.* Trotz einiger milder Tage sollte man den Garten jetzt in Ruhe lassen und *die Zeit lieber nutzen*, um sich die Aufzeichnungen des vergangenen Jahres anzusehen. Was würden Sie anders machen, *was wieder tun?* Entscheiden Sie sich jetzt, denn bis zum Frühjahr ist es *nicht mehr weit*.

Frühwinter

In der *Vegetationsruhe* ist es wichtig, den Winterschutz empfindlicher Pflanzen ab und an zu prüfen. Und *manche Arbeiten* erledigt man am besten, wenn *alles Grün* schläft.

Das ist zu tun

Christrosen ausputzen

Christrosen sind immergrün, treiben aber im Frühjahr frische Blätter aus. Das ältere Laub sieht nun etwas mitgenommen aus. Schneiden Sie es ab, damit die Blüten besser wirken.

Winterschutz prüfen

Wenn Sie nicht ganz winterharte Pflanzen in Vlies oder anderes Isoliermaterial gepackt haben, prüfen Sie, ob alles noch fest sitzt. Winterstürme können den Schutz lockern.

Holz im Garten behandeln

Jetzt ist die Gelegenheit, Holz zu behandeln. Schuppen und Zäune können mit Holzschutzmitteln gestrichen, Gartenmöbel vor dem Verstauen geölt werden.

Sträucher wässern

Herrscht im Winter längere Zeit trockene, milde Witterung, brauchen manche Pflanzen etwas Wasser. Frisch gesetzte Sträucher und Immergrüne in Töpfen sollte man dann gießen.

Zwiebeln für drinnen

Hyazinthen und andere Zwiebelpflanzen kann man drinnen in Töpfchen pflanzen. Bis sich die Blüten öffnen, stellt man sie in einen kühlen, hellen Raum, dann an einen gut sichtbaren Platz in die Wohnung.

Notizen

Pflanzen und schützen

Wenn das *Wetter mild* und der Boden nicht gefroren ist, kann man die Gelegenheit zum Einsetzen neuer *Bäume, Sträucher* und *Stauden* nutzen. *Werden sie* jetzt gepflanzt, bilden sie schon im Winter die ersten Wurzeln und starten im Frühjahr sogleich aus der *Poleposition* in die neue Saison.

Notizen ....
....
....
....
....
....

Pflanzvorbereitungen

- Vor dem Pflanzen von Topfgehölzen und -stauden durchtränkt man den Wurzelballen, indem man ihn in einen Eimer Wasser stellt. Das macht es auch einfacher, größere Exemplare aus ihrem Gefäß zu holen.

Bäume, Sträucher und Stauden

Gehölze in Töpfen

In Gartencentern werden Bäume und Sträucher das ganze Jahr über in Töpfen verkauft. Um sie einzupflanzen, hebt man zunächst ein Pflanzloch aus, das genauso tief wie der Topfballen hoch ist. Lockern Sie vor dem Einsetzen den Ballen, sodass die Wurzeln leichter in die Erde eindringen können. Stellen Sie nun den Ballen in das Pflanzloch. Beim Pflanzen größerer Gehölze schlägt man vor dem Füllen des Lochs einen Stützpfahl ein. Drücken Sie die Erde beim Einfüllen immer wieder fest, um Lufteinschlüsse zu vermeiden. Zum Schluss gut wässern.

Wurzelnackte Gehölze

Beim Pflanzen wurzelnackter Gehölze muss das Pflanzloch so tief sein, dass die dunkle Bodenmarke am Stamm genau auf Bodenhöhe steht. Größere Bäume und Sträucher brauchen einen Pfahl als Stütze. Breiten Sie die Wurzeln im Loch behutsam aus und schneiden Sie verletzte bzw. kranke Wurzeln ab. Nun das Pflanzloch füllen und dabei darauf achten, die Erde auch zwischen die Wurzeln zu streuen und anzudrücken, um Lufteinschlüsse zu vermeiden. Anschließend kräftig wässern!

Winterschutz

Manche Gehölze sowie frisch gesetzte Pflanzen oder Stauden wie zum Beispiel Herbstanemonen sind frostempfindlich, sie brauchen einen Winterschutz. Als Materialien eignen sich neben Tannen- und Fichtenreisig auch Laub sowie Stroh. Maschendraht hält den Winterschutz am Platz.

Gefäße kreativ nutzen

Bei der Bepflanzung von Gefäßen kann man seiner Fantasie freien Lauf lassen. Warum handelsübliche Töpfe und Schalen kaufen, wenn man interessante Behältnisse zweckentfremden und kreativ bepflanzt in faszinierende Objekte verwandeln kann?

Aller Anfang

Zwei Grundvoraussetzungen müssen erfüllt sein, damit ein Behälter als Pflanzgefäß eingesetzt werden kann. Er muss so viel Substrat fassen, dass eine Pflanze darin wachsen kann, und ausreichend Wasser abfließen lassen. Außerdem sollte er mindestens eine Saison lang halten. Herkömmliche Pflanzgefäße sind eigens dafür gemacht, doch gibt es genug interessante Objekte, in denen man sein Grün ebenfalls kultivieren kann.

Geeignete Materialien

Wer seine Gefäße länger einsetzen möchte, sollte haltbare Materialien wählen, etwa Metall, Glas, Keramik, Stein oder Holz. Kunststoff verrottet zwar nicht, wird in der Sonne aber brüchig. Wer nur an kurzfristiger Wirkung interessiert ist, kann auch abbaubare Materialien wie dünnes Holz, Korbgeflecht, Leder und feste Textilien verwenden.

Auswahl

Es bietet sich an, Gefäße zu verwenden, die bereits als solche benutzt wurden, etwa farbenfrohe alte Dosen, Weinkisten oder sogar alte Kleider und Schuhe. Nutzen lässt sich alles, was die Grundvoraussetzungen *(siehe oben)* erfüllt.

Praktische Überlegungen

Bei der Auswahl möglicher Pflanzgefäße sollte man daran denken, dass sie Abzugslöcher brauchen, die man eventuell bohren muss, was bei Glas und Keramik nicht einfach ist. Textilien wiederum sind sehr porös, weshalb häufiges Gießen nötig ist.

Metall- und andere dünnwandige Gefäße können sich in der Sonne stark erhitzen. Setzen Sie entweder Pflanzen hinein, die es heiß mögen, oder kleiden Sie das Innere mit einer Isolierung aus Luftpolsterfolie aus.

Ist ein Gefäß bemalt, lackiert oder bedruckt, muss das Dekor wasserfest sein und darf nicht schon beim ersten Regen weggewaschen werden.

Nützliche Tipps

- **Löcher** bohrt man in Metall- und Keramikgefäße, indem man Isolierband auf die Stelle klebt, an der gebohrt werden soll. Das verhindert, dass der Bohrer abrutscht.

- **Alte Dosen** sind hervorragende Töpfe für kleine Pflanzen. Schneiden Sie sich aber nicht an den scharfen Kanten.

- **Geeignete Gefäße** kann man auf Antikmessen, Flohmärkten und Wertstoffhöfen aufspüren.

- **Manche Objekte** sind so geformt, dass man Pflanzen nicht wieder herausbekommt, ohne ihre Wurzeln zu verletzen.

- **Nasses Substrat** wiegt mehr als trockenes – achten Sie darauf, dass das Gefäßarrangement als Ganzes nicht zu schwer wird.

Winterputz

Sommergrüne Bäume, Sträucher und Kletterpflanzen haben ihr *Laub verloren*, *Stauden* ihren gesamten oberirdischen Wuchs. Jetzt ist die Gelegenheit, den Garten gründlich zu säubern, Veränderungen durchzuführen und *Rabatten* aufzufrischen.

Geplant ....

....

....

....

Gartenfeuer

- Das Verbrennen von Gartenabfällen ist von Bundesland zu Bundesland unterschiedlich geregelt, meist aber stark eingeschränkt. Vielerorts sind Gartenfeuer sowieso überflüssig, da Pflanzenreste in den Biomüll gegeben oder zum Wertstoffhof gebracht werden können.

Checkliste

- ☐ Terrassen reinigen
- ☐ Herbstlaub zusammenharken
- ☐ Alte Töpfe leeren
- ☐ Bauliche Elemente prüfen
- ☐ Pflanzen umsiedeln
- ☐ Unerwünschtes entfernen
- ☐ ....
- ☐ ....
- ☐ ....

Zu tun ....

....

....

....

....

....

Maßnahmen

1. Pflaster säubern

Räumen Sie Töpfe, Möbel und andere Gegenstände von Terrassen und Hofflächen und reinigen Sie den Boden gründlich. Mit einer harten Bürste oder einem Hochdruckreiniger werden Algen, Moos und Unkräuter entfernt, vor allem auch in den Ritzen. Holzdecks behandelt man nach dem Säubern mit einem Schutzmittel.

2. Beete und Gefäße leeren

Holen Sie abgefallene Blätter aus Rabatten, insbesondere aber aus Rasenflächen und Teichen. Vertrocknete Stauden- und Grasreste werden bis zum Ansatz zurückgeschnitten. Leeren Sie Töpfe, in denen noch Substratreste verblieben sind – sie können Larven des Dickmaulrüsslers enthalten.

3. Bauliche Elemente prüfen

Bauliche Elemente wie Umzäunungen, Pergolen und Rankgitter sollten behandelt, repariert oder ersetzt werden, wenn sich die Pflanzen in ihrer Nähe in der Vegetationsruhe befinden. Überprüfen Sie auch Baumbänder und Stützpfähle.

4. Ungünstig stehende Pflanzen umsiedeln

Stehen sommergrüne Sträucher am falschen Platz, nimmt man sie – solange der Boden nicht gefroren ist – auf und pflanzt sie um. Dazu gräbt man sie mit einem so großen Wurzelballen wie möglich aus, setzt sie um und wässert sie nach dem Einpflanzen wieder gut.

5. Pflanzen entfernen

Wenn Sie größere Pflanzen loswerden wollen, ist jetzt eine gute Gelegenheit dafür, da die Gefahr, benachbarte Gewächse zu schädigen, im Winter am geringsten ist. Große Bäume müssen aber von Fachfirmen entfernt werden.

Zierpflanzen für den Winter

Farbenfrohe Pflanzen in Gefäßen bringen Leben in den winterlichen Garten. Allerdings ist die Auswahl naturgemäß begrenzt. Nur wenige *Beet- und Balkonpflanzen* vertragen die *Kälte* und blühen, wenn überhaupt, nur bei milder Witterung. Unzuverlässige *Winterblüher* kombiniert man daher am besten mit dekorativem Laub und leuchtenden Beeren.

Blüten für den Winter

✿ **Einjährige**
Winterharte Alpenveilchen
Großblütige Gänseblümchen (*Bellis perennis*)
Winterblühende Stiefmütterchen
Winterblühende Veilchen
✿ **Stauden**
Lenzrose (*Helleborus orientalis*, oben)
Christrose (*Helleborus niger*)
Winterling (*Eranthis hyemalis*)

Farbenfrohes Laub

✿ **Einjährige**
Zierkohl (*oben*)
Silber-Greiskraut (*Senecio cineraria*)
✿ **Stauden**
Kriechender Günsel (*Ajuga reptans*)
Zitronen-Thymian (*Thymus citriodorus*)
Sedum rupestre 'Angelina'
Gefleckte Taubnessel (*Lamium maculatum*)
Gold-Segge (*Carex oshimensis* 'Evergold')

Meine Pflanzen ....

....

....

....

....

✿ **Sträucher**
Heide-Wacholder *(Juniperus communis)*
Euonymus fortunei 'Emerald'n' Gold'
Japanische Skimmie *(Skimmia japonica)*
Gewönlicher Efeu *(Hedera helix)*

Immergrüne Farne
Tüpfelfarn *(Polypodium vulgare)*
Hirschzungenfarn *(Asplenium scolopendrium)*
Borstiger Schildfarn *(Polystichum setiferum, oben)*

Farbenfrohe Beeren
Scheinbeere *(Gaultheria procumbens, oben)*
Feuerdorn *(Pyracantha coccinea)*

Pflegetipps
- Zwicken Sie Verblühtes immer gleich ab.
- Topfballen dürfen nicht ganz austrocknen, bei großer Kälte und in der Vegetationsruhe wässert man allerdings nur wenig.

Das Jahr
in meinem Garten

Jedes Jahr verläuft im Garten anders, jedes hat seine *Höhen und Tiefen*. Nutzpflanzen können *gedeihen* oder sich quälen. Was eine Saison auch bringt, *man lernt* jedes Mal dazu. Blicken Sie zurück auf das letzte Jahr: Was waren die *Highlights*, was die *Tiefschläge*?

Erledigte Arbeiten

Gestartete Projekte

Neu gesetzte Pflanzen

Allgemeine Pflege

Hochwinter

Im *tiefsten Winter* ist die Verlockung groß, drinnen zu bleiben. Trotzdem gibt es draußen zu tun. *Tieren* das eisige Dasein zu erleichtern ist wichtig, doch auch einige Pflanzen brauchen *Zuwendung*.

Das ist zu tun

Teichleben schützen
Damit Ihr Teich nicht komplett zufriert, lassen Sie einen Ball auf der Oberfläche schwimmen. Friert er trotzdem zu, schmelzen Sie Löcher hinein, damit Wassertiere Luft bekommen *(siehe S. 143)*.

Notizen

Schnee abschütteln
Auf immergrünen Gehölzen kann sich eine schwere Schneehaube bilden, unter deren Last ganze Äste abbrechen. Schütteln Sie den Schnee regelmäßig von Bäumen und Sträuchern.

Tieren helfen
Nahrung und Wasser ist für Wildtiere im Winter knapp. Bieten Sie ihnen regelmäßig etwas an *(siehe S. 140–141)*. Besonders wichtig ist Wasser, denn natürliche Reservoire sind oft zugefroren.

Gelagertes prüfen
Wer nicht winterharte Zwiebeln und Knollen wie z. B. Dahlien nach drinnen bringt, sollte sie gelegentlich auf Schäden oder Fäulnis überprüfen. Was nicht mehr gut ist, wird weggeworfen.

Wintergemüse stützen
Rosenkohl, Spross-Brokkoli und Grünkohl überstehen den Winter draußen, können aber in Mitleidenschaft gezogen werden. Man behält sie im Auge und stützt sie bei Bedarf *(siehe S. 138–139)*.

Pflege von Wintergemüse

Im *Sommer* wirft der Gemüsegarten am meisten ab, doch gibt es auch Wintergemüse, das *in der kalten Jahreszeit* frisch geerntet werden kann und so eine *lückenlose Versorgung* mit Selbstgezogenem ermöglicht. Es ist leicht zu ziehen, braucht aber etwas Zuwendung, um *Schmackhaftes* zu liefern.

Rosenkohl
- Stäbe hindern die Pflanzen am Umfallen.
- Gelbes, welkes Laub entfernen.
- Mit dem Abernten der Röschen unten beginnen.
- Spitze der Pflanze zum Schluss ernten und wie Kohl zubereiten.

Winterkohlsorten
- Als Stütze Erde am Ansatz der Pflanze anhäufeln.
- Gelbe Blätter regelmäßig abschneiden.
- Reife Sorten stehen lassen und nach Bedarf ernten.
- Strunk nach dem Ernten stehen lassen – die zarten Triebe können im Frühjahr geerntet werden.

Lauch
- Erde als Stütze am Ansatz anhäufeln.
- Bei starkem Frost mit Reisig abdecken.

Pastinaken, Rüben
- Die Ernte ist möglich, solange der Boden nicht gefroren ist. Bei Kahlfrost mit Vlies abdecken.
- Damit sie nicht faulen, bei sehr nassem Wetter aufnehmen und in feuchter Erde einschlagen.

Chicorée, Endivien, Mangold
- Pflanzen mit Folien oder Vlies abdecken, damit das Laub nicht geschädigt wird.

Das ist zu tun

☐ Welkes Laub entfernen   ☐ Lauch anhäufeln   ☐ Bei starkem Frost abdecken

Wildtiere füttern

Vögel und andere Wildtiere lockt man am besten auf seinen Grund und Boden, indem man ihnen Wasser und Nahrung bietet – vor allem im Winter nehmen sie solche Gaben dankbar an. Sind Blüten rar, muss eben die Tierwelt Leben in den Garten bringen.

Idealkost

Damit Vögel nicht wertvolle Energie für vergebliche Besuche vergeuden, bietet man ihnen täglich frisches Futter. Jede Vogelart hat ihre speziellen Vorlieben – wer das Angebot breit fächert, kann auch mit der größten Vielfalt an Besuchern rechnen.

Fettbälle sind Energiebomben und für alle Vögel geeignet. Im Handel erhältliche Exemplare sind oft mit einem feinen Netz überzogen, an dem sich die Vögel festkrallen können. Das Netz lässt sich aber auch entfernen, um die Knödel in Vogelhäuschen zu legen.

Erdnüsse sind Kraftfutter. Geeignet sind aber nur ungesalzene, ungewürzte Nüsse. Schimmlige Nüsse sind für Vögel giftig.

Futterplatz

Fressfeinde und vor allem Katzen lauern Vögeln gern auf. Platzieren Sie das Futter daher in Vogelhäuschen auf einem Pfosten oder hängen Sie sie weit über dem Boden auf. Altes Obst, z. B. ein überreifer Apfel, ist insbesondere für größere Vögel ein Leckerbissen. Man legt es auf den Rasen weit weg von Rabatten und Sträuchern, in denen Räuber lauern.

Damit Vögel keine wertvolle Energie vergeuden, kann man Vogelhäuschen und Futterstationen auch in Gehölze hängen, in denen sie gern sitzen.

Wasser

Vögel brauchen Wasser zum Trinken und Baden. Es sollte deshalb täglich erneuert werden. Von frischem Wasser profitieren auch andere Tiere – ein Schälchen auf dem Boden nutzt also nicht nur Vögeln. Verwenden Sie aber ein flaches Gefäß, damit Kleinsäuger nicht hineinfallen und ertrinken können.

Gute Hygiene

Verdorbene Nahrung und fauliges Wasser kann für Vögel schlimme Folgen haben. Werfen Sie altes Futter regelmäßig weg und säubern Sie Häuschen, Futterstationen, Schalen und Vogelbäder.

Leckerbissen

Vögel sind dankbare Abnehmer für vielerlei Futter. Dennoch haben manche Arten bestimmte Vorlieben.

- *Trockenobst* wie Rosinen lockt Amseln, Drosseln und Rotkehlchen an.

- *Mehlwürmer* sind etwas für Insektenfresser wie Rotkehlchen und Meisen.

- *Samen und Getreide* wie Hirse mögen kleinere Vögel wie Spatzen und Stieglitze.

- *Ganze Erdnüsse* werden von Meisen, Grünfinken, Spatzen und Kleibern, zerhackte von kleineren Vögeln vernascht.

- *Tabu sind gesalzene und gewürzte Lebensmittel* wie Käse, Wurst oder Brot. Auch Essensreste haben im Vogelhäuschen nichts zu suchen, sie schaden den Tieren.

Unterschlupf für den Winter

Vor allem in *Städten* sind Gärten ein wichtiges Refugium für Wildtiere. Manche Arten fühlen sich dort sogar ausgesprochen wohl. Unter ihnen sind viele *nützliche Gartenhelfer*, die ihren Part zur Bestäubung von Blüten und Bekämpfung von Schädlingen beitragen. Bieten Sie ihnen *Asyl*, wenn sie es am dringendsten brauchen.

Vögel

Vögel beginnen im Frühjahr zeitig mit dem Nestbau. Deshalb sollte man schon jetzt neue Nistkästen verteilen. Sie werden in 2–4 m Höhe und zum Schutz vor praller Sonne und Wind in nördlicher oder östlicher Richtung aufgehängt. Für fast jede Vogelart gibt es den passenden Nistkasten, falls Sie also Wert auf den Besuch bestimmter Vögel legen, bieten Sie ihnen die für sie optimal geeignete Behausung an.

Der Winter ist außerdem bestens geeignet, bestehende Nistkästen gründlich zu reinigen, damit sich keine Schädlinge und Vogelkrankheiten darin festsetzen. Dazu wird altes Nistmaterial herausgenommen und das Innere mit heißer Seifenlauge gründlich geschrubbt.

Manche Arten beginnen schon im März mit dem Nestbau und brauchen dafür Material. Sie erleichtern ihnen die Suche, indem sie mit kleinen Zweigen, Stroh oder Moos gefüllte Töpfe aufhängen.

Insekten

Lassen Sie in manchen Winkeln alte Stauden stehen und Pflanzenreste herumliegen. Sie sind ein willkommenes Winterquartier für viele Nützlinge, etwa Hummeln und Laufkäfer.

Wassertiere

Wenn Teiche im Winter zufrieren, bilden sich im Wasser Gase, die für Amphibien, Fische und andere Wassertiere giftig sind. Stellen Sie daher täglich einen mit kochendem Wasser gefüllten Topf nahe dem Ufer auf die Eisfläche, damit er ein Loch hineinschmilzt. Die Löcher dürfen nicht in das Eis geschlagen werden – das ist für Tiere im Teich ebenso schlimm wie für die Teichfolie.

Nistkästen reinigen

Nistmaterial entfernen

Löcher in Eisdecken lassen

Empfehlenswert

- ☐ Amaranth
- ☐ Rote Bete
- ☐ Kohl
- ☐ Stangensellerie
- ☐ Schnittlauch
- ☐ Kopfsalat
- ☐ Mizuna
- ☐ Pak Choi
- ☐ Erbsensprossen
- ☐ Rucola
- ☐ Mangold

Wintersalate

Salate sind *kinderleicht zu ziehen* und im Nu erntereif: Erntet man sie als Baby- oder Mikrogemüse, sind sie schon zwei Wochen *nach der Aussaat* genussreif. *Im Winter* ist es zwar für die Freilandkultur oft zu kalt, doch gedeihen sie auch im Gewächshaus, Frühbeet oder auf einer *sonnigen Fensterbank*.

Aussaat

Säen Sie mehrere Posten sukzessive in Saatschalen mit feuchter Saaterde und decken Sie sie wie auf dem Samenpäckchen angegeben mit einer Schicht Erde ab. Über die Schalen stülpt man eine durchsichtige Plastiktüte, damit Feuchtigkeit im Inneren gespeichert wird. Dann stellt man sie in ein Gewächshaus oder drinnen auf eine Fensterbank. Werfen Sie täglich einen Blick darauf – sobald sich nach etwa zwei Wochen die ersten Sämlinge zeigen, wird die Tüte abgenommen.

Ernte

Will man die Blätter als Mikrogemüse ernten, schneidet man die Sämlinge am Ansatz ab, sobald sie 2–3 Blattpaare tragen. Babysalate werden im Sämlingsstadium ausgedünnt und mit 6–8 Blattpaaren geerntet. Man kann die Sämlinge auch größer werden lassen und nur einzelne Blätter oder ganze Pflänzchen ernten.

Kultur

Sämlinge auf der Fensterbank und auch in kühleren Räumen hält man feucht, damit sie rasch wachsen. Nur wenn sehr große Kälte zu erwarten ist, hält man sie etwas trockener. Gedüngt werden müssen sie nicht.

Erde recyceln

Holen Sie so viele Wurzelreste wie möglich aus der Erde und säen Sie auf das Substrat einen frischen Posten aus. Nach drei- bis viermaligem Besäen sollte man die Erde aber ersetzen.

Notizen

Mein größter Triumph
im letzten Gartenjahr

Gärtnern ist mitunter *eine rechte Plackerei*. Nicht selten *geht auch* etwas schief. Wenn Ihnen also etwas so richtig gut gelungen ist, sollten Sie das ruhig *festhalten* – wir alle brauchen *gelegentlich* ein anerkennendes *Schulterklopfen*.

Meine Erfolge

Mein Lieblingsfoto

Spätwinter

Es kann noch *dicker Schnee* liegen, doch gibt es auch erste Anzeichen für die *Rückkehr* von *Leben* in den Garten. Die ersten *Blüten* zeigen sich und *Vögel* schauen regelmäßiger vorbei.

Das ist zu tun

Zwiebeln in Töpfe setzen
Wer in der Wohnung Platz hat, kann sommerblühende Blumenzwiebeln in Gefäße pflanzen. Sie treiben dann eher aus und blühen auch entsprechend früher.

Nistkästen aufhängen
Vögel werden bald beginnen, nach Nistplätzen zu suchen. Hängen Sie Nistkästen auf, um sie in Ihren Garten zu locken. Bestehende Kästen müssen gereinigt werden (*siehe S. 142–143*).

Boden vorbereiten
Graben Sie schon im Winter den Boden um, jäten Sie und reichern Sie ihn mit gut verrotteter organischer Substanz an. So wird er fit für die Bepflanzung im Frühling.

Sommer-Clematis stutzen
Sommerblühende Clematis können jetzt zurückgeschnitten werden – Sorten der Gruppe 2 auf das oberste Paar gesunder Knospen, Sorten der Gruppe 3 auf gesunde Triebe 30 cm über dem Boden.

Rosen schneiden
Gartenrosen schneidet man jetzt, damit sie kräftige, gesunde Blütentriebe entwickeln. Außerdem bleiben sie dadurch kompakt und bekommen eine gute Form (*siehe S. 156–157*).

Notizen

Erfolge in meinem Garten

Um *das Beste* aus dem Garten zu machen, ist es hilfreich, *aufzuschreiben*, was funktioniert hat und was nicht. So finden Sie *Schwachstellen* in der *Bepflanzung*, können etwas verändern und vermeiden, dass Sie *Fehler* wiederholen.

Meinungen

- Bei sich selbst ist man oft viel zu kritisch. Fragen Sie Freunde und Nachbarn nach ihrer Meinung.
- Vergleichen Sie Ihren Garten mit dem von Freunden und Nachbarn: Lassen Sie sich von anderen Gärten inspirieren.

Erfolge:

Welche Pflanzen haben am längsten geblüht? ....

....

....

Was war besonders farbenfroh? ....

....

....

....

Narzissen duften himmlisch.

Welche Pflanzen dufteten am stärksten?

....

....

Was lieferte die besten Schnittblumen?

....

Schmucklilien blühen wochenlang.

....

Was brauchte am wenigsten Pflege? ....

....

....

Was können Sie empfehlen? ....

....

Welche Pflanzen haben Sie positiv überrascht?

....

Gemüsebeete planen

Da es zu dieser Jahreszeit im Garten wenig zu tun gibt, kann man die Gelegenheit nutzen und das nächste Jahr planen. Was letztes Jahr besonders gut gediehen ist, sollte man wieder anpflanzen. Aber auch Neues auszuprobieren schadet nicht.

Passend zur Lage

Das ideale Gemüse ist jenes, das sich in Ihrem Garten am wohlsten fühlt. Wer es pflanzt, erhöht die Chancen, gute Erträge zu bekommen. Die meisten Arten und Sorten brauchen volle Sonne – falls ihr Garten im Schatten liegt, sollten Sie auf Blatt- und Wurzelgemüse ausweichen. Gemüse braucht in der Regel auch viel Feuchtigkeit. Auf stark durchlässiger Erde oder in trockenen Lagen konzentriert man sich deshalb auf Wurzelgemüse, Kohlsorten, Mangold, Chicorée, Endivien und Artischocken.

Gerade Arten aus dem Mittelmeerraum mögen es warm und geschützt. Auberginen, Chili, Paprika und Tomaten kultiviert man daher am besten unter Glas oder unter Folie.

Platzangebot

Kartoffeln und eine Reihe anderer Nutzpflanzen brauchen reichlich Platz, vor allem wenn man eine ordentliche Ernte einfahren möchte. Manche Gemüsearten, darunter Steckrüben und Rosenkohl, lassen sich außerdem mit dem Reifen Zeit, nehmen also bis zu sechs Monate Platz im Beet weg.

Wo Platz Mangelware ist, sollte man eher auf sehr ergiebige Sorten wie Bohnen ausweichen oder auf solche, die binnen weniger Wochen erntereif sind, etwa Radieschen.

Ihre Vorlieben

Nachdem man das Repertoire an Gemüsesorten unter Berücksichtigung des Standorts und vorhandenen Platzes eingeschränkt hat, trifft der eigene Geschmack die Endauswahl. Besitzer großer Gärten können sich für Genüsse entscheiden, die viel Platz brauchen, im Handel aber teuer sind – Spargel und Artischocken etwa. In beengten Verhältnissen ist jung geerntetes Feinschmeckergemüse wie Zuckererbsen und Frühkartoffeln eine gute Wahl.

Kultiviert man Gemüse Jahr für Jahr im selben Beet, sollte man Fruchtfolge praktizieren. Dieses regelmäßige Abwechseln verhindert, dass Schädlinge und Krankheiten allzu leichtes Spiel haben.

Fruchtfolge

Unterschiedliches Gemüse braucht unterschiedliche Nährstoffe. Durch Fruchtfolge verhindert man ein Auslaugen des Bodens und das Überhandnehmen bestimmter Schädlinge und Krankheiten.

• **Blatt- und Wurzelkohlsorten** entziehen dem Boden viel Stickstoff. Sie werden deshalb dort gepflanzt, wo vorher stickstoffbindende Erbsen und Bohnen standen.

• **Wurzel- und Zwiebelgemüse** braucht viel Kalium, aber wenig Stickstoff. Man pflanzt es dort, wo vorher Kohlsorten wuchsen.

• **Leguminosen** wie Erbsen und Bohnen binden Stickstoff aus der Luft in Speicherorganen. Man pflanzt sie im Anschluss an Wurzel- und Zwiebelgemüse, um den Boden für die folgenden Kohlsorten mit Stickstoff anzureichern.

Sträucher für den Winter

Sträucher bilden das Rückgrat eines Gartens und geben ihm dauerhaft Struktur. Sie spielen damit eine wichtige Rolle und sollten ganzjährig möglichst ansehnlich sein – auch im Winter. Zum Glück gibt es viele, die das können.

Winterschönheiten

Sträucher sind nicht nur wegen ihrer Blüten im Sommer interessant, viele haben auch im Winter einiges zu bieten, allen voran solche mit immergrünem oder sogar panaschiertem Laub. Selbst kahle Triebe und Stämme oder farbenfrohe Beeren bereichern die Gartenlandschaft in der kalten Jahreszeit. Warum nicht einen Strauch pflanzen, der im Winter gleich mehrere Vorzüge hat?

Notizen ....

....

....

....

Hebe 'Red Edge' (Winterschutz)

Blutroter Hartriegel (*Cornus sanguinea*)

Ilex (*Ilex aquifolium*)

Meine Sträucher..

....

....

....

....

....

....

....

Tatarischer Hartriegel (*Cornus alba*)

Leucothoe fontanesiana 'Rainbow'

Zaubernuss (*Hamamelis* × *intermedia*)

Schnitt im Spätwinter

Die meisten sommergrünen Gehölze werden *vor dem Austrieb* geschnitten. Damit *putzt man sie* aus und verhindert, dass sie zu groß werden. Außerdem regt sie ein Schnitt zu verstärkter Bildung *gesunder Triebe* an. Ein weiterer *Vorteil* des Winterschnitts: Da das Laub fehlt, sieht man genau, was zu tun ist.

Gesunde Struktur

Grundsätzlich gilt: Schneiden Sie nur, wenn kein Frost herrscht. Als Erstes werden schwache, abgestorbene, verletzte und kranke Triebe bis auf gesundes Holz zurückgeschnitten. So wird Platz für frische, kräftige Triebe geschaffen.

Anschließend tritt man ein paar Schritte zurück und sieht sich den Baum oder Strauch an: Wirkt er ausgewogen? Holen Sie auch Triebe heraus, die den Gesamteindruck verderben, etwa zu lange oder ungünstig gewachsene Zweige. Aufgepasst: Ein kräftiger Rückschnitt führt zu kräftigem, ein leichter zu moderatem Neuaustrieb.

Optimaler Schnitt

Schneiden Sie stets bis auf gesunde Knospen oder Triebe zurück, die in eine günstige Richtung zeigen und von der Mitte weg nach außen wachsen. Nicht erwünscht sind ferner überkreuzte und aneinander scheuernde Zweige.

Um eine Infektion mit Krankheiten zu vermeiden, führt man einen möglichst sauberen Schnitt mit scharfem Werkzeug durch. Gartenscheren sind ideal für dünne Zweige, für dickeres Holz braucht man langstielige Astscheren oder -sägen. Nach dem Schnitt werden die Pflanzen gewässert und gemulcht, damit sie sich rasch erholen.

Nützliche Tipps

- ☐ Krankes Holz entfernen
- ☐ Kräftigen Neuaustrieb fördern
- ☐ Schöne Form bewahren

Veränderungen
in der Gartengestaltung

Unsere *Bedürfnisse* und Vorlieben ändern sich mit der Zeit. Manchmal will man Gemüsebeete durch *Blumenbeete* oder Spielecken durch *Sitzbereiche* ersetzen, manchmal aber auch nur wenig verändern, etwa ein Pflanzarrangement. *Welche Pläne haben Sie?*

Ihr Garten, Ihr Raum

Vielleicht erscheinen Ihnen manche Veränderungen gewagt, vor allem wenn sie umfangreich sind, der Garten jedoch gut eingewachsen ist. Aber Ihr Garten gehört Ihnen – Sie müssen sich darin wohlfühlen. Selbst kleine Veränderungen können sich stark darauf auswirken, wie Sie ihn nutzen.